# LE GRAND LIVRE
# DES JEUX

GRÜND

GARANTIE DE L'ÉDITEUR

Malgré les soins apportés à sa fabrication,
il est malheureusement possible que cet ouvrage
comporte un défaut d'impression ou de façonnage.
Dans ce cas, il vous sera échangé sans frais.
Veuillez à cet effet le rapporter au libraire qui vous
l'a vendu ou nous écrire à l'adresse ci-dessous
en nous précisant la nature du défaut constaté.
Dans l'un ou l'autre cas, il sera immédiatement
fait droit à votre réclamation.

Éditions Gründ - 60, rue Mazarine - 75006 Paris.

Adaptation française Martine Richebé
Texte original Josep M. Allué
Secrétariat d'édition Justine de Lagausie

PAO : Liani Copyright, Paris (texte en Garamond
et Frutiger, titres en Triplex)

Première édition française 1999 par Éditions Gründ, Paris


ISBN 2-7000-1729-3
Dépôt légal : mars 1999

Édition originale 1998 par Parramón Ediciones S.A.
sous le titre : *El Gran Libro de los Juegos*

Imprimé en Espagne

Loi n° 49-956 du 16 juillet 1949 sur les publications
destinées à la jeunesse.

# Sommaire

# Aux parents et aux éducateurs

Privilégié durant l'enfance, le jeu n'en reste pas moins une activité bénéfique tout au long de la vie : excellent stimulant physique et psychique, il est pour tous un excellent moyen d'entretenir, dans la joie et la bonne humeur, réflexes et vivacité d'esprit.

Il nous offre surtout une merveilleuse occasion de nous divertir et de passer de bons moments en compagnie de nos proches, amis ou parents, de tisser avec eux des liens plus étroits et plus chaleureux autour du pur plaisir du jeu pour le jeu.

Ce livre renferme une sélection de jeux pour tous les âges et toutes les situations, à pratiquer à l'intérieur ou à l'extérieur, et permettant à chacun d'exercer divers talents : adresse, ingéniosité, rapidité, sens de l'observation...

Il comprend trois parties : Jeux de réflexion, Jeux d'intérieur et Jeux d'extérieur. Nous tenons toutefois à souligner que cette classification n'a rien de strict et qu'un jeu, quel qu'il soit, peut toujours être adapté aux circonstances.

Pour guider votre choix, une présentation sommaire précède l'énoncé des règles de chaque jeu. Elle précise l'âge à partir duquel on peut y jouer (sans indiquer de limite d'âge supérieure, puisque nous considérons qu'il n'y en a pas), sa durée moyenne, le nombre minimum de joueurs, et le matériel éventuellement nécessaire.

Mais pour apprécier comme il se doit l'intérêt de ce livre et sa facilité d'utilisation, nous ne pouvons vous donner de meilleur conseil que... de jouer ! Nous souhaitons que cet ouvrage soit pour vous l'instrument de nombreuses heures d'agréable détente.

**Josep M. Allué**
*Ludothécaire*

## Chapitre I

# JEUX DE RÉFLEXION



1.1 Jeux de mots

1.2 Jeux d'observation

1.3 Jeux sur papier

1.4 Jeux de table

1.1

# Jeux de mots

Ces jeux font appel à l'habileté verbale et à la vivacité d'esprit. Questions, devinettes, énigmes... aideront les plus jeunes, et leurs aînés, à enrichir leur vocabulaire et à cultiver leur imagination.

De courte durée et ne nécessitant aucun matériel, ils peuvent être pratiqués à tout moment et en tout lieu. Voici un excellent moyen, entre autres, de rendre voyages ou périodes d'attente plus courts et plus distrayants!

Pour les jeux comportant un tirage au sort, veuillez vous reporter aux chapitres 2.1 et 3.1, qui proposent différents modes de tirage.

# 1. Le téléphone

*Un jeu calme, car l'écoute du message murmuré par le voisin demande beaucoup d'attention, mais qui se conclut toujours par un éclat de rire général !*

**Âge** : à partir de 5 ans
**Durée approximative** : 2 minutes
**Nombre de joueurs** : 5 ou plus
**Matériel** : aucun

1 Asseyez-vous côte à côte et tirez au sort pour savoir qui va commencer.

2 Le premier joueur chuchote rapidement une phrase à l'oreille de son voisin.

3 Le deuxième répète ce qu'il a cru entendre à l'oreille du suivant, en parlant le plus bas et le plus vite possible, et ainsi de suite.

4 Quand le message parvient au dernier joueur, celui-ci le répète à voix haute et le premier annonce le message initial. La déformation est souvent très drôle !

# 2. Hier, j'ai vu...

*Un jeu destiné à stimuler la curiosité des plus jeunes et à enrichir leur expression verbale.*

**Âge** : à partir de 5 ans
**Durée approximative** : 5 minutes
**Nombre de joueurs** : 2 ou plus
**Matériel** : aucun

1 Commencez par tirer au sort le joueur qui sera interrogé.

2 Ce dernier choisit mentalement une personne, un animal ou un objet qu'il a vu le jour précédent et dit, par exemple : « Hier, j'ai vu un animal. »

3 Posez-lui des questions chacun à votre tour pour deviner, dans ce cas, de quel animal il s'agit. Il ne peut répondre que par « oui » ou « non ».

4 Le premier à trouver la bonne réponse remplace le joueur interrogé en choisissant un autre thème.

# 3. De Rio est arrivé un cargo

*Un exercice de vocabulaire nécessitant une bonne dose d'imagination.*

**Âge :** à partir de 6 ans
**Durée approximative :** 5 minutes
**Nombre de joueurs :** 2 ou plus
**Matériel :** aucun

1 Le premier joueur, choisi ou tiré au sort, dit à voix haute : « De Rio est arrivé un cargo, avec à son bord des... » et poursuit en citant le nom d'une marchandise pouvant être transportée par bateau : « pommes », par exemple.

2 Chaque joueur doit à son tour prononcer le nom d'une marchandise commençant par la même lettre : « pamplemousses », « parasols »...

3 Le joueur qui ne peut allonger la liste au bout de 15 secondes de réflexion est éliminé.

4 Le joueur suivant débute alors une nouvelle série, en citant une marchandise commençant par une autre lettre.

# 4. Le voyage alphabétique

*Idéal pour les longs trajets en voiture, train ou car, ce jeu développe le vocabulaire et le sens de l'observation.*

**Âge :** à partir de 6 ans
**Durée approximative :** 10 minutes
**Nombre de joueurs :** 2 ou plus
**Matériel :** aucun

1 Le premier joueur demande : « Voyez-vous quelque chose dont le nom commence par la lettre... O? »

2 Les joueurs observent alors le paysage dans le but de repérer un objet ou un animal dont le nom commence par la lettre indiquée.

3 Dès qu'un joueur a trouvé, il dit à voix haute : « Je vois un oiseau », par exemple.

4 Le gagnant est celui qui a donné le plus grand nombre de réponses dans le délai fixé au début du jeu.

# 5. Du coq à l'âne

*Les décalages entre questions et réponses sont en général si farfelus que le rire est garanti !*

**Âge** : à partir de 6 ans
**Durée approximative du jeu** : 2 minutes
**Nombre de joueurs** : 3 ou plus
**Matériel** : aucun

1 Tirez au sort celui qui va engager le jeu et asseyez-vous en cercle.

2 Le premier joueur pose une question à l'oreille de son voisin de droite, qui lui répond également à l'oreille.

3 Le deuxième joueur pose à son tour une question à son voisin de droite et mémorise la réponse comme étant celle correspondant à la question qu'on lui a posée.

4 Et ainsi de suite, jusqu'à ce que chaque joueur ait posé une question à son voisin de droite et que celui-ci lui ait donné une réponse.

5 À la fin du jeu, chaque joueur répète la question qu'on lui a posée et la réponse qu'il a reçue à la question qu'il a posée, en disant : « On m'a demandé par ici (...) et on m'a répondu par là (...). » Les rapprochements sont toujours très amusants.

# 6. La chaîne de mots

*Un jeu simple et amusant, mettant à l'épreuve la mémoire et le vocabulaire des participants.*

**Âge** : à partir de 6 ans
**Durée** : environ 10 minutes
**Nombre de joueurs** : 2 ou plus
**Matériel** : aucun

1 Désignez par tirage au sort celui qui sera le premier à parler.

2 Le premier joueur annonce à voix haute un mot de son choix, par exemple « fauteuil ».

3 Le joueur suivant doit trouver un mot commençant par la lettre finale de ce mot, dans ce cas un « l », et dit, par exemple, « lampe ». Le troisième indique alors un mot commençant par un « e », et ainsi de suite.

4 Le jeu se poursuit jusqu'à ce que l'un des joueurs prononce un mot déjà cité.

## 7. Ni oui ni non

*Un duel verbal qui ne tolère pas la moindre distraction et où le plus rusé aura le dernier mot.*

**Âge** : à partir de 7 ans
**Durée approximative** : 2 minutes
**Nombre de joueurs** : 2
**Matériel** : aucun

1 Décidez d'abord des mots que vous ne devrez pas dire, par exemple ni «oui» ni «non».

2 Essayez de faire prononcer ces mots à votre partenaire en lui posant des questions, en veillant à ne pas vous faire piéger vous-même.

3 Chaque fois que l'un de vous dit «oui» ou «non», l'autre marque 1 point, la partie se jouant en un nombre de points déterminé à l'avance (en général, 5 ou 10 points).

4 Pour corser la difficulté, vous pouvez ajouter d'autres couples de mots interdits. Les plus courants sont : ni blanc ni noir, ni or ni argent... mais vous pouvez en imaginer bien d'autres.





## 8. Les mots en vrac

*Un excellent exercice de mémoire et de concentration.*

**Âge** : à partir de 7 ans
**Durée approximative** : 2 minutes
**Nombre de joueurs** : 2 ou plus
**Matériel** : aucun

1 Tirez au sort pour savoir lequel d'entre vous va commencer et fixez le nombre de tours que comprendra la partie.

2 Le premier joueur annonce un mot de son choix, par exemple «maison».

3 Le second répète ce mot en le faisant suivre d'un autre mot : «maison, chapeau».

4 Chaque joueur répète ainsi à son tour la totalité des mots déjà cités et ajoute un mot à la série. Plus le nombre de joueurs et de tours fixés au départ est important, plus le jeu est complexe, car la liste des mots à retenir est alors très longue.

5 Le joueur qui se trompe peut être aidé par les autres. Le jeu se termine quand plus personne n'est capable de citer toute la série.

# 9. Dessus ou dessous ?

*Une petite révision préalable de leurs connaissances sur les végétaux permettra aux plus jeunes de mieux suivre le rythme du jeu.*

**Âge** : à partir de 7 ans
**Durée approximative** : 2 minutes
**Nombre de joueurs** : 3 ou plus
**Matériel** : aucun

1 Un adulte mène le jeu, annonçant à voix haute le nom d'un végétal.

2 Les joueurs doivent lui répondre aussitôt « Dessus ! » si on le récolte au-dessus du niveau du sol (tomate, laitue, haricots, banane...) ou « Dessous ! » dans le cas contraire (pomme de terre, carotte, navet...).

3 Le joueur qui se trompe est éliminé et doit attendre la fin de la partie avant de rejouer.

4 Une variante de ce jeu consiste à choisir des noms d'animaux. Les joueurs devront alors répondre « Air », « Terre » ou « Eau » selon le milieu où évolue l'animal.

# 10. Au fil des idées

*L'enchaînement des mots doit être logique.*

**Âge** : à partir de 7 ans
**Durée approximative** : 10 minutes
**Nombre de joueurs** : 2 ou plus
**Matériel** : aucun

1 Tirez au sort pour savoir qui va commencer. Le joueur désigné choisit le premier mot qui lui vient à l'esprit, par exemple « balle ».

2 Le second doit trouver un autre mot ayant un rapport quelconque avec le mot précédent, par exemple « filet ».

3 Le jeu se poursuit ainsi jusqu'à ce que l'un des joueurs répète par erreur un mot déjà prononcé par un autre.

4 Si le rapport entre deux mots n'est pas clair, on peut demander des explications au joueur concerné. Si elles ne sont pas convaincantes, on repart sur une autre série de mots.

# 11. Les contraires

*Il s'agit de trouver rapidement des mots exprimant des idées opposées.*

**Âge :** à partir de 8 ans
**Durée approximative :** 10 minutes
**Nombre de joueurs :** 2 ou plus
**Matériel :** aucun

1 Le premier joueur propose un mot auquel peut être associé un mot exprimant l'idée contraire, par exemple « nuit ».

2 Le mot de sens contraire à découvrir est, dans ce cas : « jour ».

3 Celui qui le trouve le premier propose à son tour un autre mot.

4 Si un joueur cite un mot se rapportant à un objet concret, qui n'a donc pas de contraire, par exemple « crayon », le premier à signaler l'erreur prend son tour et propose un autre mot.

# 12. D'un citron et demi...

*Demandant de la concentration et des réflexes, ce jeu de groupe constitue aussi un bon exercice d'élocution. Chaussez vos chaussettes d'archiduchesse !*

**Âge :** à partir de 8 ans
**Durée approximative :** 10 minutes
**Nombre de joueurs :** 5 ou plus
**Matériel :** aucun

1 Les joueurs s'attribuent chacun un numéro correspondant à leur ordre d'intervention dans le jeu. Le numéro 1 engage la partie en prononçant aussi vite que possible : « D'un citron et demi à quatre citrons et demi ».

2 Celui qui a le numéro 4 doit aussitôt répéter la phrase en citant d'abord son numéro, puis celui du joueur à qui il s'adresse : « De quatre citrons et demi à trois citrons et demi », et ainsi de suite.

3 Le joueur qui ne réplique pas immédiatement ou se trompe en prononçant la phrase est éliminé, et son voisin de droite change de numéro pour prendre le sien. Le gagnant est le seul à n'avoir commis aucune erreur au cours de la partie.

# 13. Tout en verbes

*Un jeu pour exercer son imagination et inventer d'incroyables histoires !*

**Âge** : à partir de 8 ans
**Durée approximative** : 10 minutes
**Nombre de joueurs** : 3 ou plus
**Matériel** : aucun

1 Tirez au sort celui qui sera le meneur de jeu. Demandez-lui de vous proposer une liste de quatre ou cinq verbes : «courir, manger, sauter, atterrir», par exemple.

2 Vous disposez alors de 2 ou 3 minutes pou imaginer chacun un court récit faisant intervenir dans le même ordre tous les verbes cités, et aucun autre. Par exemple : «Le coq a couru si vite pour manger qu'il a sauté par-dessus la barrière et atterri dans le tas de fumier.»

3 Quand le délai est écoulé, annoncez à tour de rôle la phrase que vous avez imaginée.

4 Une variante consiste à attribuer 1 point au premier qui trouve une phrase et, après avoir joué plusieurs fois, à totaliser les points pour savoir qui a gagné.

# 14. Une lettre de plus

*D'une grande subtilité, ce jeu réclame une bonne agilité mentale et un vocabulaire étendu.*

**Âge** : à partir de 9 ans
**Durée approximative** : 2 minutes
**Nombre de joueurs** : 2 ou plus
**Matériel** : aucun

1 Tirez au sort celui qui engagera le jeu et décidez ensuite de l'ordre dans lequel chacun d'entre vous interviendra.

2 Le premier joueur propose à voix haute une lettre, par exemple «s».

3 Le suivant ajoute à cette lettre une autre lettre de son choix et les prononce ensemble, par exemple «sa».

4 Chacun rajoute à son tour une lettre, jusqu'à obtention d'un mot.

5 Comparez alors le mot obtenu à celui auquel chacun pensait au moment de rajouter une lettre. Le résultat est souvent amusant !

# 15. Rémi a ramé sans répit

*Former une phrase contenant un maximum de mots commençant par une lettre donnée, voilà un bon moyen d'éprouver la richesse de son vocabulaire !*

**Âge** : à partir de 9 ans
**Durée approximative** : 2 minutes
**Nombre de joueurs** : 2 ou plus
**Matériel** : aucun

1 Tirez au sort celui d'entre vous qui sera le meneur de jeu. Il annonce à voix haute la lettre de son choix, par exemple « r ».

2 Vous disposez alors d'une minute pour construire une phrase drôle, mais cohérente, comportant un nombre maximum de mots commençant par cette lettre, comme : « Rémi a ramé sans répit pour retrouver rapidement le radeau des rescapés. »

3 Une fois le temps écoulé, indiquez chacun à votre tour la phrase que vous avez trouvée.

4 Le gagnant est celui dont la phrase contient le plus grand nombre de mots commençant par la lettre annoncée. Il propose à son tour une nouvelle lettre, et ainsi de suite.

# 16. Le laissez-passer

*Un jeu de déduction très amusant qui requiert concentration et logique.*

**Âge** : à partir de 9 ans
**Durée approximative** : 10 minutes
**Nombre de joueurs** : 4 ou plus
**Matériel** : aucun

1 Tirez au sort le joueur qui doit quitter la pièce. Puis, choisissez la clé qu'il lui faudra trouver pour franchir une frontière imaginaire : décidez, par exemple, qu'il ne pourra passer qu'avec des objets de genre masculin, ou bien uniquement avec des objets dont le nom se termine par une voyelle, ou encore seulement avec des objets de grande taille...

2 Le joueur qui était sorti revient dans la pièce et doit deviner la clé choisie en posant aux autres joueurs des questions du type : « Puis-je passer la frontière avec... un parapluie? »

3 Il peut poser autant de questions qu'il le souhaite, mais vous ne pouvez lui répondre que par « oui » ou « non ».

4 La partie se termine quand le joueur trouve la solution ou échoue trois fois.

# 17. Le javanais

*Les joueurs doivent créer leur propre langue et essayer de comprendre celle des autres.*

**Âge :** à partir de 9 ans
**Durée approximative :** 5 minutes
**Nombre de joueurs :** 2 ou plus
**Matériel :** aucun

1 Donnez-vous assez de temps pour former chacun un mot en « javanais ». Il s'agit de transformer les mots en ajoutant après chaque syllabe une consonne de votre choix, toujours la même, suivie de la voyelle de cette syllabe. Pour celui qui choisit le « p » par exemple, le mot platane se transforme en pla-pa-ta-pa-ne-pe.

2 Ceci fait, chacun annonce à haute voix le mot qu'il a inventé.

3 Le gagnant est celui qui arrive le premier à décrypter le mot d'un autre joueur.

4 On peut aussi jouer à ce jeu en formant de courtes phrases en javanais, mais mieux vaut alors se munir d'un papier et d'un crayon.



# 18. Le portrait chinois

*Pour découvrir en s'amusant les différentes façons dont peut être perçue une même personne.*

**Âge :** à partir de 10 ans
**Durée approximative :** 10 minutes
**Nombre de joueurs :** 5 ou plus
**Matériel :** aucun

1 Tirez au sort le joueur qui sera chargé de deviner l'identité de l'un des membres du groupe, choisi à son insu.

2 Il doit vous poser des questions sous forme de comparaison, comme : « Et si c'était une voiture ? » (ou encore : une fleur, une couleur, un métier, un sport, un objet, un film...).

3 Vous lui répondez alors, par exemple : « Ce serait... une grosse voiture », en tenant compte de la personnalité et des goûts du joueur choisi, ou encore de son aspect physique.

4 Il a le droit de vous poser toutes les questions qu'il veut, mais ne peut, à la fin, proposer qu'un seul nom.

1.2

# Jeux d'observation







Dans ces jeux qui aiguisent le sens de l'observation et la curiosité des jeunes et moins jeunes, la vue joue un rôle essentiel, mais aussi la concentration, la mémoire et la capacité de déduction. Où est-ce caché? Saurez-vous deviner de quoi il s'agit? Quelles modifications sont intervenues à votre insu? Autant de questions auxquelles il va falloir répondre ou d'énigmes qu'il va falloir résoudre.

# 19. Ouvrez l'œil !

*Un jeu de recherche favorisant le contrôle de soi... et donnant lieu à des contorsions assez comiques !*

**Âge** : à partir de 4 ans
**Durée approximative** : 10 minutes
**Nombre de joueurs** : 3 ou plus
**Matériel** : 1 petit objet

1 Choisissez un objet à cacher, une pince à linge, par exemple. Puis, tirez au sort le joueur qui sera chargé de le dissimuler.

2 Asseyez-vous tous autour d'une table et mettez-vous les mains devant les yeux pendant que le joueur cherche où cacher l'objet. Celui-ci ne doit pas être entièrement caché. Vous devez en apercevoir une partie sans avoir à quitter votre place.

3 Quand le joueur annonce que l'objet est caché, cherchez aussitôt à le repérer du regard.

4 Vous pouvez vous livrer à toutes les contorsions nécessaires, mais sans jamais vous lever de votre siège.

5 Chaque fois que l'un de vous localise l'objet, il le dit à l'oreille de celui qui l'a caché.

6 Le jeu se poursuit jusqu'à ce que tout le monde ait trouvé.

# 20. Je vois quelque chose...

*Un jeu d'observation idéal pour rétablir le calme lorsque le niveau sonore devient insupportable.*

**Âge :** à partir de 4 ans
**Durée approximative :** 5 minutes
**Nombre de joueurs :** 3 ou plus
**Matériel :** aucun

1 Le meneur de jeu, désigné par tirage au sort, choisit mentalement un objet que chacun peut voir et déclare : « Je vois quelque chose que vous ne voyez pas. »

2 Quand vous lui demandez : « Que vois-tu ? », il vous répond : « Un objet commençant par... » et indique l'initiale du nom de l'objet.

3 Chacun pose une question à tour de rôle pour essayer d'identifier l'objet. Le meneur de jeu ne peut répondre que par « oui » ou « non ».

4 Celui qui obtient une réponse affirmative à la question qu'il a posée a le droit de faire une proposition. S'il a deviné juste, c'est à son tour de choisir un objet.

# 21. La fenêtre

*Il est préférable que ce jeu, qui passionne les plus jeunes, soit supervisé par un adulte.*

**Âge :** à partir de 5 ans
**Durée approximative :** 10 minutes
**Nombre de joueurs :** 3 ou plus
**Matériel :** 1 feuille de papier journal, 1 paire de ciseaux, 1 petit objet

1 Le meneur de jeu, tiré au sort, découpe un trou d'environ 1 centimètre de diamètre au milieu d'une grande feuille de papier journal.

2 En cachette, il place sous la feuille un objet assez mince, dont seule une petite portion soit visible par le trou. Puis, il choisit un objet de petite taille et n'en laisse voir que la partie la moins facile à identifier.

3 Les autres joueurs doivent indiquer de quel objet il s'agit, sans toucher à la feuille.

4 S'ils se trompent, le meneur de jeu déplace un peu la fenêtre pour en dévoiler chaque fois un peu plus, jusqu'à ce qu'ils trouvent.

# 22. Le jeu de Kim

*Le jeu devient d'autant plus captivant que le nombre d'objets qui restent à trouver diminue.*

**Âge** : à partir de 5 ans
**Durée approximative** : 10 minutes
**Nombre de joueurs** : 3 ou plus
**Matériel** : 10 petits objets (clé, pièce, bague...), 1 torchon

1 Tirez au sort celui qui sera le meneur de jeu. Il choisit dix objets qu'il pose sur une table et vous donne 30 secondes pour les mémoriser. Les dix dernières secondes sont décomptées à voix haute pour rendre le jeu plus palpitant.

2 Le meneur de jeu recouvre alors les objets d'un torchon.

3 Indiquez chacun à votre tour un objet dont vous vous souvenez, à condition qu'il n'ait pas déjà été cité par les joueurs précédents.

4 La partie prend fin quand tous les objets ont été cités ou que plus personne n'est capable de compléter la série.

# 23. Jamais deux fois

*Jeu tranquille, qui développe le sens de l'observation et exerce la mémoire.*

**Âge** : à partir de 6 ans
**Durée approximative** : 2 minutes
**Nombre de joueurs** : 2 ou plus
**Matériel** : aucun

1 Le premier joueur, tiré au sort, indique le nom d'un objet que chacun peut voir de sa place.

2 Citez chacun à votre tour le nom d'un objet visible, en veillant à ce qu'il n'ait pas déjà été mentionné.

3 Au bout de trois tours, il devient vraiment difficile de se souvenir de tous les objets mentionnés. Celui qui mentionne un objet déjà cité est éliminé.

4 Pour compliquer le jeu, on peut aussi interdire aux joueurs de nommer un objet en contact avec un objet déjà cité.

# 24. L'assassin

*Les joueurs doivent vite trouver l'assassin avant qu'il ne les «élimine» d'un clin d'œil.*

**Âge** : à partir de 6 ans
**Durée approximative** : 10 minutes
**Nombre de joueurs** : 6 ou plus
**Matériel** : 1 feuille de papier, 1 paire de ciseaux, 1 crayon

1 Tirez au sort celui d'entre vous qui sera le meneur de jeu. Il découpe autant de petits carrés de papier qu'il y a de joueurs.

2 Les autres joueurs s'assoient en cercle, de façon que chacun puisse bien voir le visage des autres.

3 Le meneur de jeu trace une croix sur l'un des papiers, sans rien marquer sur les autres.

4 Après avoir plié les papiers en quatre, il les distribue aux autres joueurs.

5 Chacun ouvre en cachette le papier qui lui a été remis. Celui dont le papier est marqué d'une croix est l'«assassin».

6 Il va devoir «assassiner» les autres joueurs en clignant de l'œil le plus discrètement possible pour ne pas être découvert. Celui qui remarque qu'on lui cligne de l'œil doit annoncer à voix haute «Je suis mort!» et se retirer du jeu.

7 Chacun essaie de découvrir qui est l'«assassin». Ce dernier doit donc faire preuve d'une grande prudence quand il cligne de l'œil. Celui qui accuse à tort un autre joueur d'être l'«assassin» est éliminé.

8 L'«assassin» qui parvient à éliminer tous les joueurs sans être découvert gagne la partie.

# 25. L'échange

*Un exercice de mémoire visuelle d'autant plus amusant que les vêtements et les accessoires échangés sont nombreux.*

**Âge** : à partir de 7 ans
**Durée approximative** : 10 minutes
**Nombre de joueurs** : 4 ou plus
**Matériel** : aucun

1 Tirez au sort le joueur qui va devoir deviner les changements. Donnez-lui 1 minute pour vous observer et essayer de mémoriser les vêtements et accessoires que vous portez.

2 Demandez-lui de sortir tandis que vous vous échangez habits et objets personnels.

3 L'échange terminé, rappelez-le. Indiquez-lui le nombre d'éléments échangés, sans préciser lesquels.

4 Chaque fois que le joueur remarque un objet échangé, il doit dire à qui il appartient et le rendre à son propriétaire. Pour gagner, il lui faut restituer à leurs propriétaires respectifs tous les éléments empruntés.

# 26. Le détective

*Il s'agit de bien mener son enquête pour deviner, par observation et déduction, ce qui a changé.*

**Âge** : à partir de 8 ans
**Durée approximative** : 10 minutes
**Nombre de joueurs** : 8 ou plus
**Matériel** : aucun

1 Tirez au sort celui qui sera le « détective ». Il a 1 minute pour observer vos coiffures, vêtements et attitudes. Puis il quitte la pièce. Changez alors quelque chose à votre aspect : croisez les jambes ou les bras, dénouez vos lacets, retroussez vos manches...

2 Quand vous avez terminé, rappelez le « détective ». Il peut vous poser autant de questions qu'il le souhaite, mais vous ne pouvez lui répondre que par « oui » ou « non ».

3 Ces réponses doivent lui permettre de trouver, par déduction, ce qui a changé. Il a droit à trois propositions par joueur.

# 27. Le chef d'orchestre

*Associant mime et dissimulation, ce jeu demande un sens de l'observation très aigu de la part du joueur chargé de trouver qui dirige l'orchestre.*

**Âge** : à partir de 8 ans
**Durée approximative** : 10 minutes
**Nombre de joueurs** : 8 ou plus
**Matériel** : aucun

1 Tirez au sort celui qui devra quitter la pièce quelques instants.

2 Les autres joueurs s'assoient par terre en formant un cercle.

3 Ils choisissent à voix basse celui d'entre eux qui sera le chef d'orchestre. Le joueur sorti ne doit rien entendre.

4 Le chef d'orchestre fera semblant de jouer d'un instrument de musique et les autres devront l'imiter.

5 Le joueur chargé de deviner est rappelé. Il se place au milieu du cercle et essaie de repérer le chef d'orchestre.

6 Ce dernier doit changer d'instrument sans se faire remarquer. S'il est découvert, il prend la place du joueur qui l'a démasqué et quitte la pièce à son tour.

# 28. La photo mystérieuse

*Il est préférable qu'un adulte dirige ce jeu qui nécessite des découpages soigneux.*

**Âge** : à partir de 8 ans
**Durée approximative** : 30 minutes
**Nombre de joueurs** : 3 ou plus
**Matériel** : 1 photo (photocopiée ou découpée dans un journal ou une revue), 1 feuille de papier, 1 paire de ciseaux

1 Le meneur de jeu choisit une grande photo (de la taille d'une page) dans une revue ou un journal.

2 Il découpe ensuite en carrés une feuille de papier de la taille de la photo.

3 Après avoir entièrement recouvert la photo de ces carrés de papier, il invite les participants à trouver ce qu'elle représente.

4 Chacun soulève à son tour un carré de papier pour découvrir progressivement la photo et fait une proposition à voix haute. Les joueurs n'ont droit qu'à une seule réponse à chaque fois.

5 Les carrés sont ainsi retirés peu à peu. Le gagnant est le premier à trouver.

1.3

# Jeux sur papier

Un crayon et du papier, voilà tout ce dont vous avez besoin pour mettre à profit les divers jeux de hasard, de stratégie, de mots qui sont proposés dans ce chapitre.

Ces jeux peuvent se pratiquer tranquillement à deux, mais aussi en plus grand nombre, devant un tableau par exemple, et feront passer de bons moments aux petits comme aux grands.

# 29. Trois en ligne

*Un jeu facile, au dénouement rapide, qui est une version simplifiée du célèbre morpion à cinq signes.*

**Âge** : de 5 à 7 ans
**Durée approximative** : 2 minutes
**Nombre de joueurs** : 2
**Matériel** : 1 feuille de papier, 2 crayons

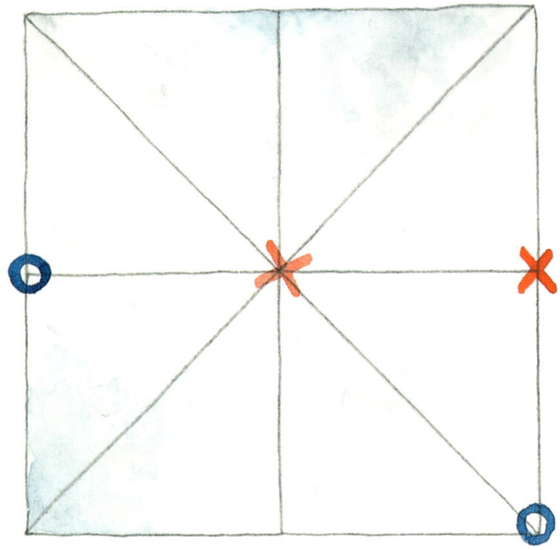

1 Dessinez un carré avec ses diagonales et ses médianes, comme le montre l'illustration.

2 Choisissez chacun le signe dont vous vous servirez pour jouer : cercle ou croix (o ou ×), et tirez au sort pour savoir qui commence.

3 Tracez alors à tour de rôle un signe sur l'une des intersections. Le but est d'en aligner trois – horizontalement, verticalement, ou en diagonale – tout en empêchant l'autre d'en faire autant.

4 Celui qui y parvient gagne. Si vous échouez tous les deux, recommencez une partie.

# 30. La mouche

*Dans cette chasse à la mouche, il faut, pour viser juste, savoir apprécier les distances.*

**Âge** : à partir de 6 ans
**Durée approximative** : 2 minutes
**Nombre de joueurs** : 2
**Matériel** : 1 grande feuille de papier, 1 ou 2 crayons

1 Le premier joueur plie en deux une grande feuille de papier, puis l'ouvre pour dessiner une mouche sur la seconde moitié.

2 Cela fait, il replie la feuille afin de cacher la mouche. Le second trace alors sur la première moitié un petit rond pour encercler la mouche. Son tracé doit être assez appuyé, de façon à laisser une marque sur la partie de la feuille où se trouve la mouche.

3 Il ouvre ensuite la feuille pour voir si son cercle emprisonne entièrement la mouche. Si c'est le cas, il a gagné.

4 Dans le cas contraire, le premier joueur dessine une autre mouche. Et ainsi de suite jusqu'à ce que le second parvienne à encercler parfaitement la mouche.

# 31. La prison

*Il s'agit ici d'être assez habile pour prévoir les mouvements de son adversaire et ne pas se laisser piéger.*

**Âge** : à partir de 6 ans
**Durée approximative** : 2 minutes
**Nombre de joueurs** : 2
**Matériel** : 1 feuille de papier quadrillé, 2 crayons de couleur

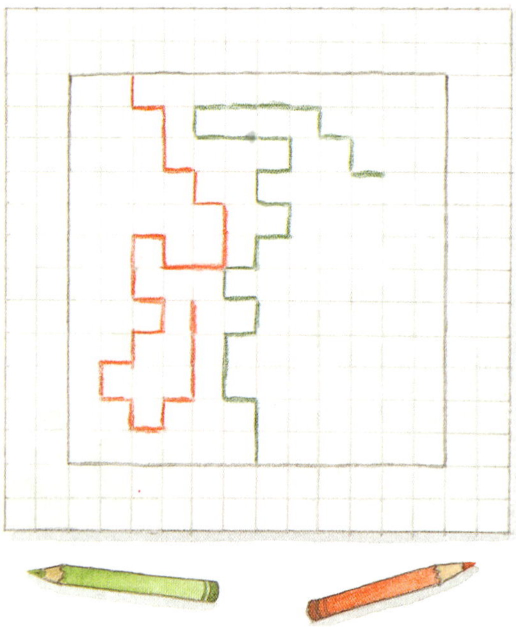

1 Délimitez la zone de jeu sur la feuille de papier et choisissez chacun une couleur.

2 Le premier à jouer marque d'un trait le côté d'un carreau, puis le second en fait autant sur un autre carreau.

3 Chacun ajoute ainsi à son tour un segment supplémentaire, à condition de ne pas sortir de la zone délimitée et de ne pas franchir la ligne tracée par son adversaire.

4 Le but du jeu est de bloquer l'adversaire de telle sorte qu'il ne puisse plus, à un moment donné, prolonger son trait. Le premier à y réussir gagne la partie.

# 32. Combien veux-tu ?

*Cet exercice de pliage doublé d'un jeu de hasard séduit les enfants depuis des générations.*

**Âge** : à partir de 6 ans
**Durée approximative** : 10 minutes
**Nombre de joueurs** : 2
**Matériel** : 1 feuille de papier, 8 crayons de couleur ou feutres

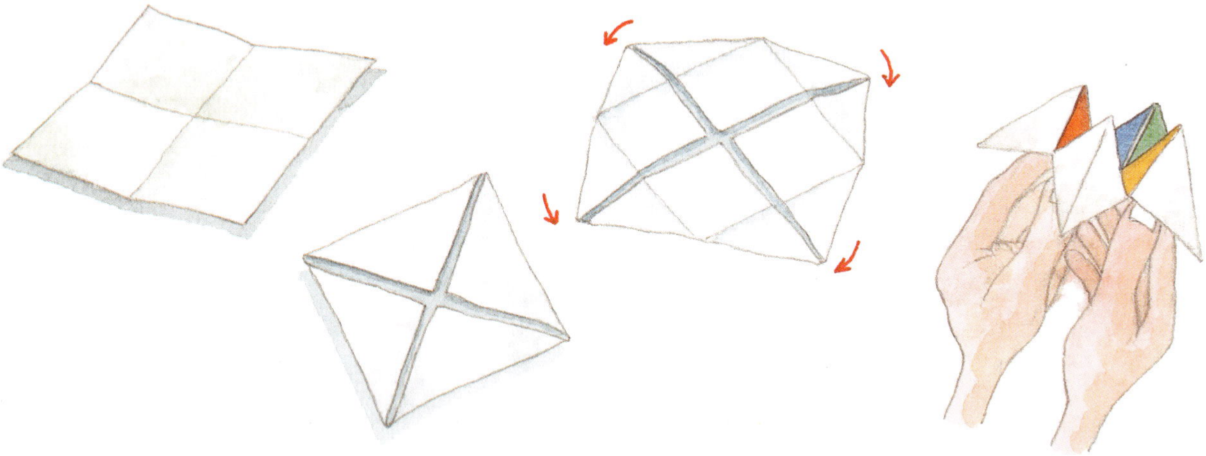

1 Découpez un carré de papier et pliez-le en deux dans un sens puis dans l'autre, afin que des marques de plis apparaissent quand vous le déplierez.

2 Rabattez-en les quatre coins, puis retournez le carré obtenu et recommencez la même opération à l'envers.

3 Pliez alors le dernier carré obtenu en deux sur la ligne médiane, puis dépliez-le pour le replier sur l'autre ligne médiane.

4 Coloriez ensuite chaque triangle d'une couleur différente, puis inscrivez un adjectif sur sa face intérieure (beau, malin, sympathique...).

5 En maintenant la cocotte à l'aide du pouce et de l'index de chaque main, demandez à quelqu'un de vous indiquer un chiffre en disant : « Combien veux-tu ? » Puis ouvrez et fermez la cocotte le nombre de fois indiqué.

6 Demandez-lui ensuite : « Quelle couleur veux-tu ? », puis soulevez le triangle de la couleur choisie pour lui annoncer la qualité ou le défaut que le sort lui attribue.

# 33. Les monstres

*Ce dessin collectif laisse la part belle à l'imagination et donne des résultats très surprenants.*

**Âge :** à partir de 7 ans
**Durée approximative :** 10 minutes
**Nombre de joueurs :** 2 ou plus
**Matériel :** 1 feuille de papier, crayons de couleur ou feutres

1 Prenez une feuille de papier d'environ 20 centimètres de long et pliez-la en trois parties égales. Tracez, perpendiculairement à chaque pliure, de petits traits parallèles, comme le montre l'illustration.

2 Le premier joueur dessine une tête sur la partie supérieure, en veillant à ce que la base du cou coïncide avec les repères marqués sur la pliure. Puis, il replie la partie dessinée au verso et passe la feuille à son voisin.

3 Sans savoir ce qui a été dessiné, le joueur suivant dessine à son tour un corps d'homme ou d'animal sur la partie centrale. Son dessin doit coïncider en haut avec les repères de la première pliure et en bas avec ceux de la seconde pliure.

4 Le dernier joueur dessine les jambes du « monstre » en respectant les repères de la seconde pliure. Il ne reste plus qu'à découvrir, en dépliant le papier, la surprenante créature née de l'imagination collective !

# 34. Le jeu de Nim

*D'origine orientale, ce jeu peut se pratiquer avec des allumettes ou, comme ici, en traçant de simples traits sur une feuille de papier.*

**Âge :** à partir de 7 ans
**Durée approximative :** 2 minutes
**Nombre de joueurs :** 2
**Matériel :** 1 feuille de papier, 2 crayons

1 Tracez sur une feuille une série de traits groupés par trois, quatre ou cinq, comme le montre l'illustration.

2 Barrez à tour de rôle un, deux ou trois traits d'une série.

3 La partie est remportée par celui qui parvient à barrer le dernier trait.

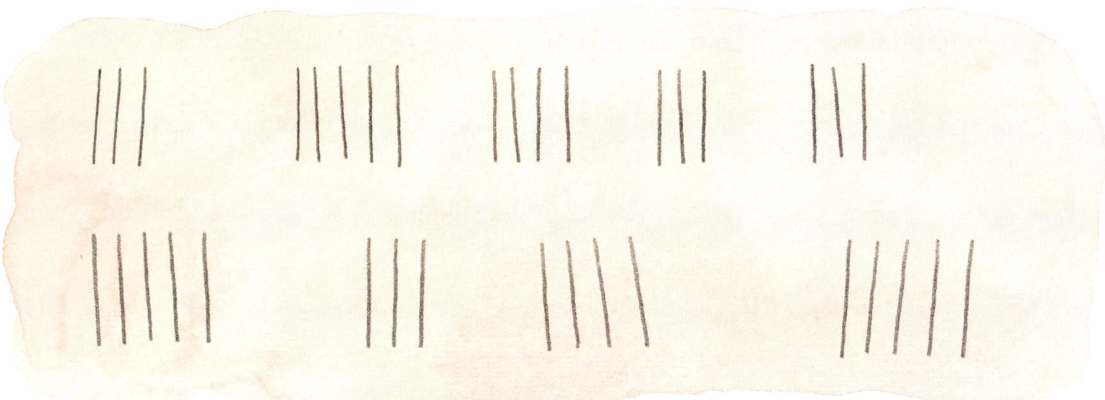

# 35. Les carrés

*Un jeu de stratégie élémentaire, mais passionnant.*

**Âge :** à partir de 7 ans
**Durée approximative :** 10 minutes
**Nombre de joueurs :** 2
**Matériel :** 1 feuille de papier quadrillé, 2 crayons de couleur

1 Délimitez sur une feuille de papier quadrillé une zone de jeu carrée.

2 Tracez chacun à votre tour dans cette zone de jeu un segment correspondant au côté d'un carreau, le but étant d'arriver à tracer entièrement le contour d'un carreau.

3 Celui qui réussit à fermer un carreau le marque du signe qu'il a choisi : une croix ou un cercle (× ou o). Il a le droit de rejouer en traçant un autre trait. S'il réussit à fermer un autre carreau, il recommence.

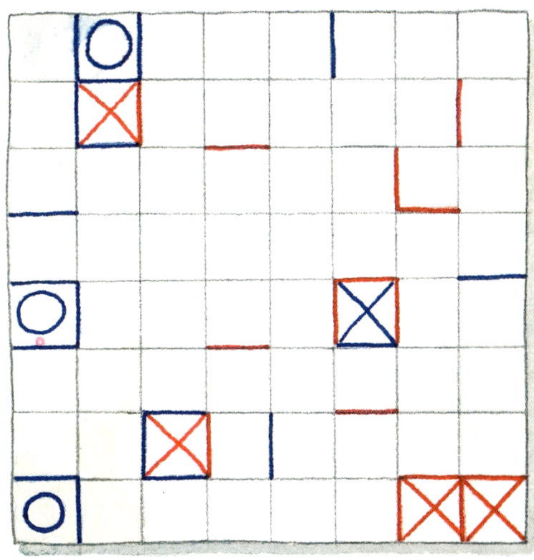

4 Il faut essayer en même temps d'empêcher l'adversaire de fermer un carreau. Cela devient de plus en plus difficile au fur et à mesure que la partie avance.

5 Quand la zone de jeu est entièrement remplie, on fait le total des × et des o pour savoir qui a gagné.

# 36. Le cadavre exquis

*Également connu sous le nom « les petits papiers », ce jeu, inventé par les surréalistes, est un bon moyen pour les tout jeunes écoliers de s'exercer à l'écriture de façon simple et distrayante.*

**Âge** : à partir de 7 ans
**Durée approximative** : 10 minutes
**Nombre de joueurs** : 3 ou plus
**Matériel** : 1 feuille de papier, 1 crayon

1 Le meneur de jeu remet une feuille de papier et un crayon au premier joueur en lui demandant de répondre à la question : « Qui? » Il doit écrire un nom propre ou commun, par exemple « Un chien » ou « Rex ». Puis, il plie la feuille de papier pour cacher ce qu'il a écrit et la passe à son voisin de droite.

2 Le meneur de jeu demande alors au joueur suivant : « Que fait-il? » Celui-ci décrit alors une action, par exemple « danse », sans savoir quel est l'auteur de l'action. Il plie à son tour la feuille, avant de la passer au suivant.

3 Le meneur de jeu continue ainsi en posant d'autres questions aux joueurs (où? avec qui? quand? comment? pourquoi?...) pour allonger la phrase.

4 Lorsque la phrase est terminée, il déplie le papier pour la lire à voix haute. Elle est souvent si absurde que l'éclat de rire est général. Pour prolonger le jeu, on peut aussi proposer aux joueurs de faire un dessin illustrant cette phrase insolite.

# 37. Oxo

*Un jeu stratégique, à mi-chemin entre le « trois en ligne » et « les carrés ».*

**Âge :** à partir de 7 ans
**Durée approximative :** 10 minutes
**Nombre de joueurs :** 2
**Matériel :** 1 feuille de papier quadrillé, 2 crayons de couleur

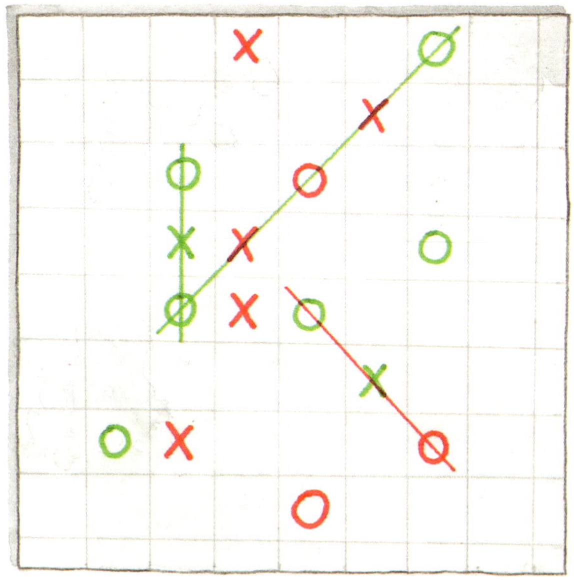

1 Tracez sur la feuille un carré délimitant la zone de jeu.

2 Inscrivez chacun à votre tour une croix ou un cercle dans un carreau.

3 Le but du jeu est de compléter des séries O-X-O. Celui qui y parvient barre de sa propre couleur la série complétée et marque 1 point.

4 Le gagnant est celui qui totalise le plus de points une fois la grille remplie.

# 38. Le pendu

*Pour échapper à la pendaison, il s'agit de trouver à temps les lettres manquantes d'un mot dont on ne connaît que la première et la dernière lettre.*

**Âge :** à partir de 7 ans
**Durée approximative :** 10 minutes
**Nombre de joueurs :** 2 ou plus
**Matériel :** 1 feuille de papier, 1 crayon

1 Un joueur tiré au sort choisit mentalement un mot assez long dont il inscrit la première et la dernière lettre, en remplaçant toutes les autres par des tirets. Ainsi, pour « myosotis », il écrit : « M - - - - - - S ».

2 Chacun propose à son tour une lettre pour tenter de remplir les cases vides.

3 Quand il s'agit d'une lettre contenue dans le mot, le meneur de jeu l'inscrit à sa place autant de fois qu'elle y figure. Sinon, il trace le premier trait de la potence.

4 La potence étant composée de onze traits, il ne faut pas commettre plus de dix erreurs si l'on ne veut pas être pendu.

5 Pour gagner, il faut trouver le mot avant que le dessin de la potence soit terminé.

# 39. Le Grand Prix

*Un passe-temps divertissant mais tranquille, développant la patience et la dextérité.*

**Âge :** à partir de 8 ans
**Durée approximative :** 10 minutes
**Nombre de joueurs :** 2
**Matériel :** 1 grande feuille de papier, 2 crayons de couleur

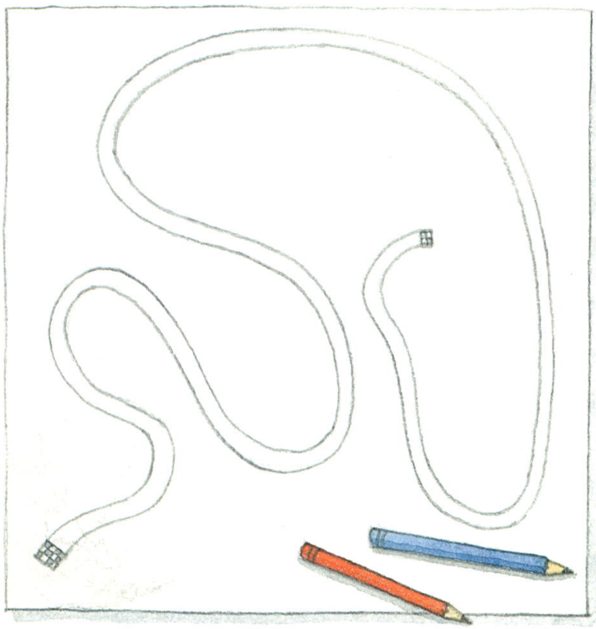

1 Dessinez sur une feuille de papier une piste sinueuse d'environ 1 centimètre de large.

2 Placez chacun à votre tour la pointe de votre crayon sur la ligne de départ, en le maintenant perpendiculairement à la feuille du bout de votre index. Appuyez alors sur le crayon pour tracer un trait dans le sens de la piste. Le crayon tombe en général très vite.

3 Au tour suivant, faites de même en prenant comme point de départ le bout de la ligne tracée la fois précédente, ou son point d'intersection avec les bords de la piste.

4 Le gagnant est celui dont le trait atteint le premier la ligne d'arrivée.

# 40. La bataille navale

*Tactique et chance sont déterminantes dans ce pacifique affrontement sur un bout de papier.*

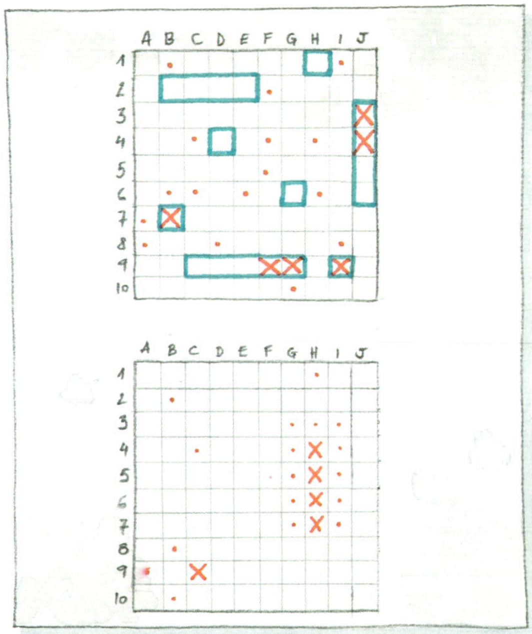


**Âge :** à partir de 8 ans
**Durée approximative :** 10 minutes
**Nombre de joueurs :** 2
**Matériel :** 2 feuilles de papier, 2 crayons

1 Dessinez chacun deux grilles de 10 × 10 cases sur une feuille de papier. Marquez de A à J chaque colonne verticale, et de 1 à 10 chaque ligne horizontale. Ainsi, chaque case pourra être identifiée par une lettre et un chiffre : D3 sera la case située à l'intersection de la colonne D et de la ligne 3.

2 Installez chacun votre flotte en cachette sur l'une des grilles. Elle comprend les navires suivants : un porte-avions (5 cases), 2 cuirassés (4 cases) et 5 sous-marins (1 case). Les navires ne doivent pas se toucher ni occuper un angle.

3 Le premier joueur désigne alors à voix haute un carreau (A2, B4, C5...). Son adversaire répond «Manqué» si la case est vide, «Touché» si le tir a atteint un de ses navires, «Coulé» si le tir a atteint un sous-marin, ou la dernière case d'un navire déjà atteint par plusieurs tirs.

4 Notez chacun les tirs adverses sur la grille où est dessinée votre flotte : un point pour les tirs manqués et une croix pour les tirs réussis.

5 Enregistrez de même les résultats de vos attaques sur votre seconde grille. Celui qui touche un navire ennemi a le droit de rejouer.

6 Lorsqu'un joueur rate son tir, c'est à son partenaire de jouer. Le vainqueur est celui qui réussit le premier à «saborder» tous les navires de la flotte ennemie.

# 41. Les messages codés

*Quel plaisir de jouer à l'espion en inventant un code secret ou de se transformer en détective pour déchiffrer les messages ennemis !*

**Âge :** à partir de 9 ans
**Durée approximative :** 10 minutes
**Nombre de joueurs :** 2 ou plus
**Matériel :** 1 feuille de papier et 1 crayon par joueur

1. Munissez-vous chacun d'une feuille de papier et d'un crayon.

2. Coupez votre feuille en deux et inscrivez en cachette une phrase de votre choix sur l'un des morceaux.

3. Recopiez ensuite cette phrase sur l'autre morceau de feuille en remplaçant chaque voyelle par un chiffre de votre choix : par exemple, le « a » par le 1, le « e » par le 2, et ainsi de suite. Vous pouvez aussi remplacer des consonnes par d'autres signes, mais jamais plus de cinq lettres différentes.

4. Quand vous avez terminé, passez votre message secret à votre voisin de gauche.

5. Chacun essaie de décoder au plus vite le message remis par son voisin. Le gagnant est le premier à annoncer à voix haute le message qu'il a déchiffré.

# 42. Le baccalauréat

*Un concours de rapidité qui est d'autant plus palpitant que les participants ont un vocabulaire étendu.*

**Âge :** à partir de 9 ans
**Durée approximative :** 30 minutes
**Nombre de joueurs :** 2 ou plus
**Matériel :** 1 feuille de papier et 1 crayon par joueur

1 Choisissez ensemble six catégories de mots, que chacun note sur sa feuille. En voici quelques exemples : pays, villes, animaux, végétaux, métiers, marques, prénoms, vêtements, meubles...

2 Tirez au sort le premier joueur. Il propose une lettre de l'alphabet. Chacun note aussitôt dans chaque rubrique un mot commençant par cette lettre.

3 Le premier à compléter la liste crie : « Stop ! » Tout le monde doit alors poser son crayon sur la table.

4 Comparez par catégorie les mots que vous avez inscrits. Un mot trouvé par un seul joueur lui rapporte 10 points, un mot trouvé par plusieurs joueurs rapporte 5 points.

5 Chaque joueur propose à son tour une lettre. Une partie se joue normalement en 100 points.

# 43. Photo-déclic

*Une manière divertissante de comparer les idées que chacun associe à une même image.*

**Âge** : à partir de 10 ans
**Durée approximative** : 10 minutes
**Nombre de joueurs** : 3 ou plus
**Matériel** : 1 feuille de papier et 1 crayon par joueur, journaux ou revues

1 Choisissez chacun de votre côté une photo dans un journal ou une revue et découpez-la sans la montrer aux autres.

2 Asseyez-vous tous autour d'une table, munis d'une feuille et d'un crayon, votre photo posée à l'envers près de vous.

3 Le premier joueur retourne sa photo et chacun doit noter en 1 minute tous les mots que lui suggère cette image.

4 Quand le temps est écoulé, le joueur qui a retourné la photo lit un à un les mots qu'il a notés. Vous l'arrêtez chaque fois que vous avez inscrit le même mot que lui.

5 Chaque mot trouvé en commun avec le joueur de la photo lui fait remporter 1 point et fait remporter 1 point au joueur concerné.

6 Le joueur suivant retourne ensuite sa photo, et ainsi de suite. Le gagnant est celui qui totalise un maximum de points en fin de partie.

# 44. Les dessins-devinettes

*Si ce jeu offre aux amateurs de dessin l'occasion d'exprimer leur talent, il n'en reste pas moins divertissant pour tous les participants.*

**Âge :** à partir de 10 ans
**Durée approximative :** 30 minutes
**Nombre de joueurs :** 4 ou plus
**Matériel :** 1 feuille de papier, 1 crayon

1 Commencez par vous répartir en deux équipes de force égale.

2 Tirez au sort celle qui sera chargée de deviner un mot proposé par l'équipe adverse.

3 Les membres de l'équipe tirée au sort se consultent pour choisir leur dessinateur.

4 Les joueurs de l'autre équipe se mettent d'accord sur le mot à deviner.

5 Lorsqu'ils ont fait leur choix, ils demandent au dessinateur de s'approcher et lui chuchotent le mot à l'oreille.

6 Ce dernier doit alors essayer de faire découvrir ce mot à ses coéquipiers au moyen d'un dessin. Il n'a pas le droit de dire ou mimer quoi que ce soit. Ses coéquipiers disposent d'une minute pour trouver le mot. Ils peuvent faire autant de propositions qu'ils le souhaitent.

7 Si le mot est découvert dans le temps imparti, l'équipe marque 1 point et choisit un mot à faire deviner à l'équipe adverse.

8 Dans le cas contraire, la première équipe marque 1 point et cherche un autre mot.

9 La première équipe qui totalise un nombre de points convenu à l'avance gagne la partie.

# 45. La bonne définition

*Un jeu idéal pour apprendre à cerner au plus près le sens des mots et enrichir son vocabulaire.*

**Âge :** à partir de 10 ans
**Durée approximative :** 30 minutes
**Nombre de joueurs :** 2 ou plus
**Matériel :** 1 feuille de papier et 1 crayon par joueur, 1 dictionnaire

1 Tirez au sort celui qui sera le meneur de jeu. Il annonce un mot à voix haute et consulte le dictionnaire pour en recopier la définition sans vous la montrer.

2 Écrivez ce mot sur votre feuille, puis essayez d'en rédiger une définition qui semble avoir été recopiée dans le dictionnaire.

3 Quand vous avez terminé, le meneur de jeu rassemble toutes les feuilles et lit une par une toutes les définitions, y compris celle du dictionnaire.

4 Celui qui pense que la définition qui vient d'être lue par le meneur de jeu est celle du dictionnaire doit le signaler.

5 Chaque joueur marque 1 point quand sa définition est jugée correcte, et 1 point de plus s'il a deviné quelle était la définition du dictionnaire. Le gagnant est celui qui totalise le plus de points en fin de partie.

# 46. Le cube

*Dans ce jeu de stratégie en trois dimensions, il faut réussir des alignements de quatre signes sur deux des faces du cube.*

**Âge** : à partir de 11 ans
**Durée approximative** : 10 minutes
**Nombre de joueurs** : 2
**Matériel** : papier, 2 crayons de couleur

1 Dessinez un cube en perspective et divisez chacune des faces en neuf carrés.

2 Inscrivez chacun à votre tour le signe de votre choix (une croix ou un cercle) dans une case.

3 Le but est d'aligner quatre signes verticalement ou horizontalement, tout en empêchant l'adversaire d'en faire autant.

4 Le gagnant est le premier joueur qui parvient à aligner quatre de ses signes sur deux des faces du cube.

# 47. Le mot le plus long

*Un jeu stimulant, dans lequel richesse du vocabulaire et vivacité d'esprit sont déterminantes.*

**Âge** : à partir de 10 ans
**Durée approximative** : 10 minutes
**Nombre de joueurs** : 2 ou plus
**Matériel** : 1 feuille de papier et 1 crayon par joueur, 1 chronomètre ou 1 montre

1 Munissez-vous chacun d'une feuille et d'un crayon et placez-vous de façon que les autres ne puissent pas voir ce que vous écrivez.

2 Annoncez à tour de rôle une lettre de l'alphabet et notez-la jusqu'à parvenir à un total de huit lettres.

3 Vous disposez de 3 minutes pour trouver le mot le plus long en n'employant qu'une fois chacune des lettres annoncées.

4 Ce temps écoulé, chacun indique le mot qu'il a trouvé et marque 1 point par lettre. Celui qui trouve le mot le plus long remporte un bonus de 5 points, auquel s'ajoute un bonus de 3 points s'il a utilisé les huit lettres.

1.4

# Jeux de table



Cette sélection rassemble des jeux originaires de plusieurs continents, qui ont séduit depuis des siècles, voire des millénaires, une multitude de joueurs à travers le monde.

Vous pouvez confectionner vous-mêmes les surfaces de jeu avec un matériel très réduit. Quant aux pions, ils peuvent être remplacés par des boutons, des graines ou des ronds découpés dans du carton. Ils ne seront peut-être pas d'un fini parfait, mais l'essentiel est qu'ils vous donnent la possibilité de vous amuser en variant les plaisirs.

# 48. Le mikado

*D'origine chinoise, le mikado est un jeu d'adresse demandant de la patience et beaucoup de doigté.*

**Âge :** à partir de 6 ans
**Durée approximative :** 10 minutes
**Nombre de joueurs :** 2 ou plus
**Matériel :** 1 jeu acheté dans le commerce ou 42 bâtonnets en bois d'environ 25 cm de long et 3 mm de diamètre, 1 taille-crayon, peinture rouge, bleue, jaune et verte et 1 pinceau, ou feutres

1 Il n'est pas difficile de confectionner soi-même le jeu. Il suffit d'épointer avec un taille-crayon les deux extrémités de 42 bâtonnets en bois, puis d'en peindre ou d'en colorier 20 en jaune, 12 en rouge, 5 en bleu, 3 en vert et d'en décorer 2 de traits obliques de la couleur de son choix.

2 Tirez au sort celui qui commence la partie. Il saisit les bâtonnets en botte entre ses mains, leurs pointes inférieures reposant sur la table. Puis il ouvre brusquement les mains pour les laisser retomber en un tas aussi compact et enchevêtré que possible.

3 Il doit alors essayer de les retirer un à un du tas, en les prenant du bout des doigts, sans faire bouger les autres. S'il y parvient, il rejoue. Dès qu'il ébranle l'un des bâtonnets voisins, c'est à son voisin de gauche de jouer, et ainsi de suite.

4 Quand il ne reste plus de bâtonnets sur la table, les joueurs additionnent les points de ceux qu'ils ont ramassés : 3 points pour les jaunes, 5 pour les rouges, 10 pour les bleus, 15 pour les verts et 20 pour ceux qui sont couverts de traits obliques. Celui qui totalise le plus de points a gagné.

# 49. Le palet anglais

*Jeu d'adresse d'origine anglaise, le palet se pratique traditionnellement sur de superbes plateaux de bois au décor raffiné.*

**Âge :** à partir de 6 ans
**Durée approximative :** 15 minutes
**Nombre de joueurs :** 2
**Matériel :** 1 carton fort, 1 crayon, 30 pièces d'environ 2,5 cm de diamètre par joueur

1 Sur un rectangle de carton de 40 × 60 centimètres, tracez au centre dix lignes horizontales espacées d'environ 3,5 cm, délimitant neuf «lits» en laissant deux espaces égaux au-dessus et au-dessous. Dessinez ensuite deux colonnes de cases verticales d'environ 3,5 cm de large sur les bords droit et gauche, qui serviront à marquer les points.

2 Une fois le plateau de jeu terminé, placez-le au bord d'une table. Chaque joueur utilise cinq pièces par tour. Le premier à jouer pose ses pièces une à une à l'extrémité inférieure en les faisant légèrement dépasser du bord. Il les fait ensuite sauter d'un coup rapide de la paume de la main ou du bout du pouce, pour qu'elles retombent à l'intérieur d'un lit.

3 Si le tir est réussi (la pièce ne doit pas toucher les lignes), il marque 1 point et trace un trait dans la case correspondante de sa colonne. Il peut rejouer cette pièce.

4 Une pièce qui tombe sur une ligne ne peut être récupérée tant qu'elle n'a pas été poussée à l'aide d'une autre pièce à l'intérieur d'un lit. En ce cas, le propriétaire de la pièce la reprend et marque 1 point, sauf s'il s'agit du dernier point permettant de gagner la partie.

5 Les pièces tombant dans l'espace situé au-delà des lits restent hors jeu pendant le tour, de même que celles qui tombent sur les cases servant à marquer les points. Par contre, celles qui tombent dans l'espace inférieur, près de la base de départ, peuvent être rejouées.

6 Le but du jeu consiste à mettre le premier trois pièces dans chacun des neuf lits. Si un joueur réalise plus de 3 points dans un lit, son adversaire récupère les points en excédent.

# 50. Le loup et les brebis

*Un jeu de stratégie pour les plus jeunes, où pour une fois le loup ne gagne pas toujours la partie.*

**Âge :** à partir de 6 ans
**Durée approximative :** 10 minutes
**Nombre de joueurs :** 2
**Matériel :** 1 feuille de papier noir, 1 carton fort blanc de 24 cm de côté, 1 règle, 1 paire de ciseaux, 1 tube de colle, 1 pion rouge, 4 pions verts

1 Découpez 32 carrés de 3 centimètres de côté dans une feuille de papier noir et collez-les sur un carré de carton blanc pour confectionner un damier de 64 cases (8 × 8).

2 Un joueur prend le pion rouge (le loup) et le place sur une case noire de son choix, sur la première rangée. L'autre place les pions verts (les brebis) comme indiqué.

3 Chacun déplace un pion à son tour. Le loup se déplace d'une case en diagonale, soit vers l'avant, soit vers l'arrière. Les brebis se déplacent aussi d'une case en diagonale, mais uniquement vers l'avant.

4 Un pion ne peut en prendre un autre. Le loup gagne s'il réussit à passer derrière les brebis et à atteindre la rangée du fond. Les brebis gagnent si elles arrivent à l'immobiliser.

# 51. Le tangram

*Très prisé au XIXe siècle, le tangram, appelé aussi casse-tête ou puzzle chinois, est un jeu de patience et d'imagination. L'aide d'un adulte est recommandée pour le découpage des pièces.*

**Âge** : à partir de 7 ans
**Durée approximative** : 10 minutes
**Nombre de joueurs** : 1
**Matériel** : 1 carton fort, 1 paire de ciseaux ou 1 cutter, 1 crayon, 1 règle

1 Découpez un carré parfait de 15 centimètres de côté dans du carton fort.

2 Tracez les lignes qui en divisent la superficie, comme sur l'illustration, et découpez soigneusement les sept pièces.

3 Le but du jeu est d'obtenir le plus grand nombre possible de figures en combinant ces sept pièces à la fois (silhouettes humaines ou animales, objets géométriques...).

4 Vous pouvez aussi essayer de reproduire des formes complexes dont vous ne connaissez que le contour, comme certaines des formes ci-dessous. Il existe même, dans les magasins spécialisés, des recueils de silhouettes à recomposer.

# 52. Les dames espagnoles

*Le damier de 100 cases et les règles utilisées en France à l'heure actuelle datent du XVIIIe siècle. Certains pays, comme l'Espagne, ont conservé des règles plus anciennes et le damier de 64 cases.*

**Âge** : à partir de 7 ans
**Durée approximative** : 10 minutes
**Nombre de joueurs** : 2
**Matériel** : 1 feuille de papier noir, 1 carton blanc de 24 cm de côté, 1 règle, 1 paire de ciseaux, 1 tube de colle, 12 pions blancs, 12 pions noirs

1 Confectionnez un damier comme il est indiqué pour le jeu de la page 43, ou prenez un échiquier.

2 Placez la case noire de la première rangée à votre gauche. Disposez ensuite chacun vos pions sur les cases noires, comme le montre l'illustration.

3 Le déplacement des pions s'effectue uniquement en diagonale, à raison d'une case à la fois, et toujours vers l'avant, même pour capturer un pion adverse.

4 Les prises s'effectuent en sautant au-dessus d'un pion adverse si la case suivante est libre. Elles peuvent s'enchaîner s'il y a lieu, avec éventuellement des changements de direction.

5 La prise est obligatoire. Si l'un des joueurs peut prendre et ne le fait pas, son adversaire peut retirer du jeu le pion concerné en disant «Soufflé!» et rejouer aussitôt.

6 Un pion qui atteint la rangée du fond devient une dame : on le recouvre d'un pion de même couleur. La dame ne peut jouer qu'au tour suivant. Elle se déplace en diagonale d'autant de cases qu'elle veut, vers l'avant ou vers l'arrière, et peut prendre tous les pions se trouvant sur sa route. Elle a la même obligation de prendre que les autres pions. Il peut y avoir plusieurs dames sur le jeu.

7 Le gagnant est le joueur qui a pris le premier tous les pions de son adversaire.

# 53. Le renard et les poules

*Ce jeu de stratégie aux multiples variantes est apparu en Angleterre au XV^e siècle.*

**Âge :** à partir de 7 ans
**Durée approximative :** 10 minutes
**Nombre de joueurs :** 2
**Matériel :** 1 feuille de papier, 1 crayon, 13 pions blancs, 1 pion noir

1 Tracez un diagramme en forme de croix, comme sur l'illustration. Les pions blancs représentent les poules, le pion noir le renard.

2 Tirez au sort pour attribuer les rôles et disposez vos pions. Le renard joue le premier.

3 Les pions peuvent se déplacer dans tous les sens d'un segment à la fois vers une intersection voisine libre. Les mouvements en diagonale sont interdits.

4 Le renard peut prendre les poules en sautant par-dessus en ligne droite, à condition de pouvoir se poser sur l'intersection libre placée immédiatement derrière ses victimes. Chaque poule capturée est retirée du jeu. Il peut enchaîner plusieurs sauts et effectuer plusieurs prises à la fois.

5 La victoire revient au renard s'il a capturé assez de poules pour ne plus pouvoir être encerclé. Elle revient aux poules si elles ont réussi à l'immobiliser.

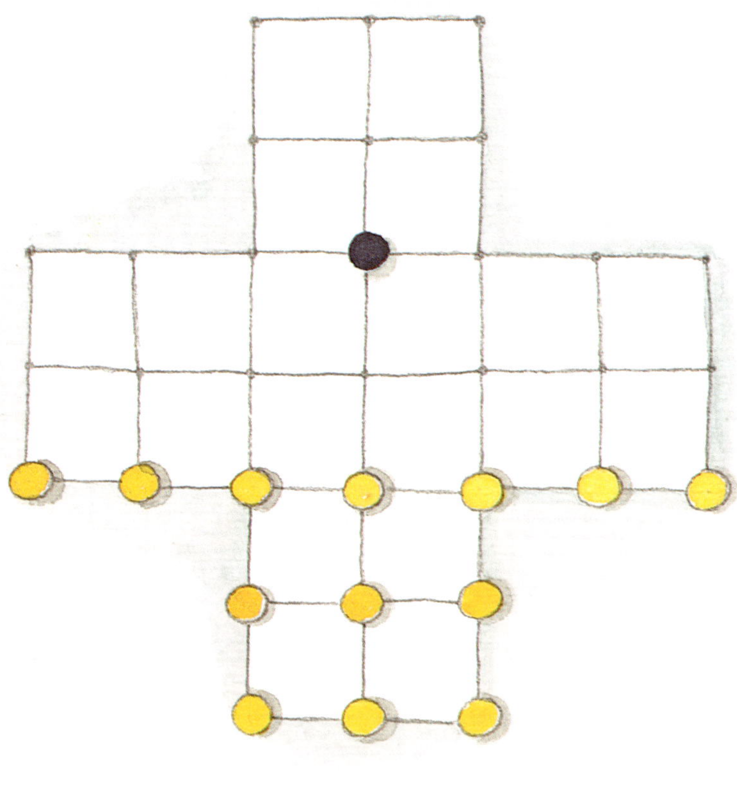

# 54. Mini-halma

*Version simplifiée du jeu de halma, aussi appelé « dames chinoises », qui se joue sur un damier de 256 cases.*

**Âge :** à partir de 7 ans
**Durée approximative :** 10 minutes
**Nombre de joueurs :** 2
**Matériel :** 1 feuille de papier, 1 crayon, 10 pions bleus, 10 pions rouges

3 Un pion peut être déplacé vers une case contiguë libre, dans n'importe quel sens, en avant, en arrière, à gauche ou à droite. Il peut aussi être déplacé en sautant par-dessus un pion ami ou adverse, à condition que la case suivante soit libre.

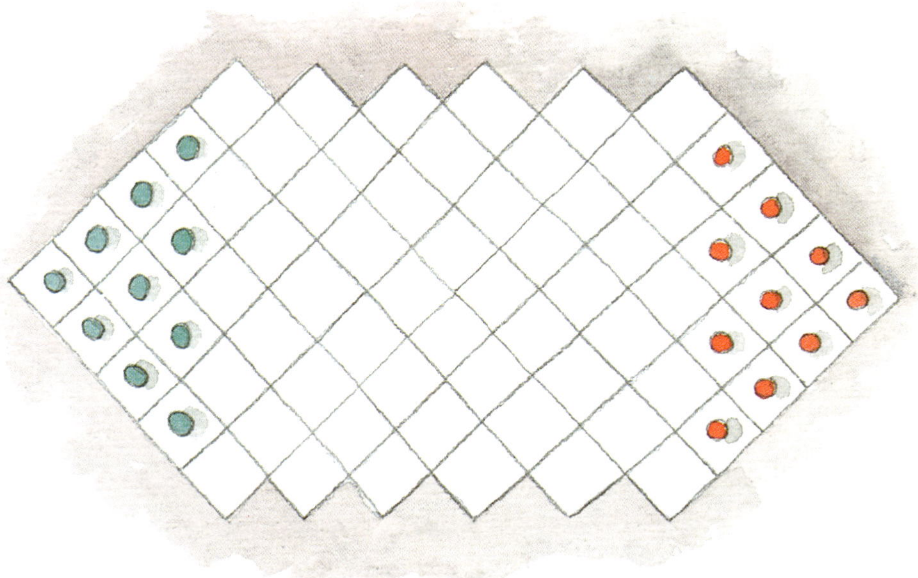

1 Dessinez la grille, puis placez-y les pions comme le montre l'illustration ci-dessus.

2 Tirez au sort pour savoir qui commence, puis déplacez chacun à votre tour un pion en direction de l'angle opposé.

4 Vous pouvez effectuer plusieurs sauts successifs en changeant de direction.

5 Le gagnant est le premier à amener tous ses pions dans la position qu'occupaient au départ les pions adverses.

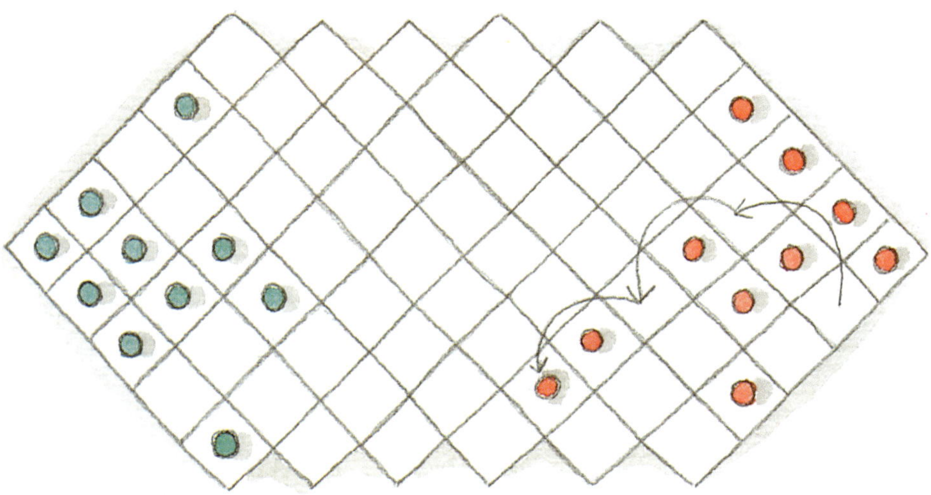

# 55. Le moulin

*Ce jeu d'alignement se pratiquait déjà en Égypte il y a des millénaires. Il en existe de multiples variantes.*

**Âge** : à partir de 7 ans
**Durée approximative** : 10 minutes
**Nombre de joueurs** : 2
**Matériel** : 1 feuille de papier, 1 crayon, 9 pions blancs, 9 pions noirs

5 Le gagnant est le premier à mettre son adversaire dans l'impossibilité de former un nouvel alignement : soit en ne lui laissant plus que deux pions, soit en le bloquant de telle sorte qu'il ne puisse plus déplacer ses pions.

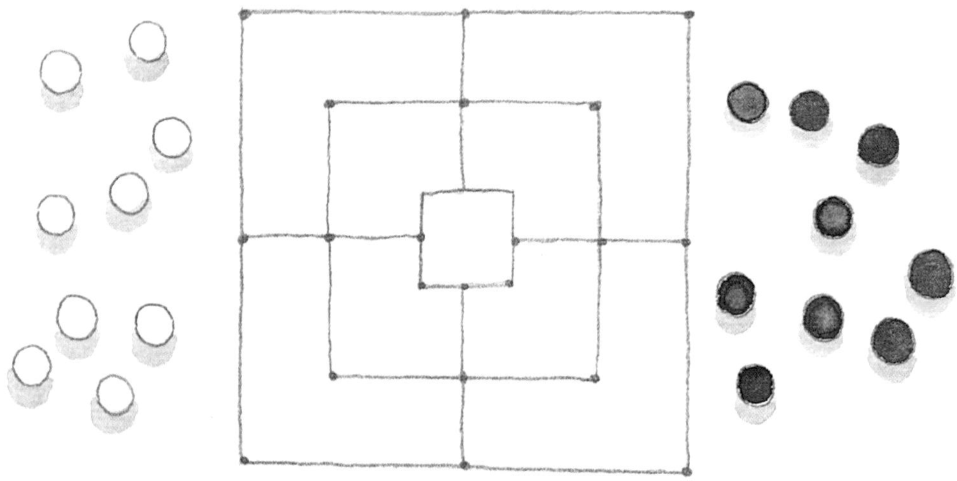

1 Après avoir dessiné le diagramme, posez vos pions un à un, chacun à votre tour, sur les intersections de votre choix.

2 Quand tous les pions sont sur le diagramme, déplacez chacun un pion à tour de rôle sur une intersection voisine libre.

3 Le but est de former des alignements de trois pions ou « moulins ».

4 Faire un moulin donne le droit de retirer du jeu un pion adverse de son choix, à condition qu'il ne fasse pas déjà partie d'un moulin.

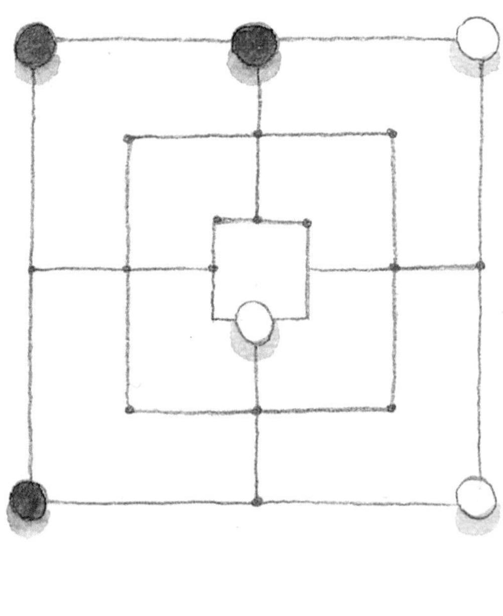

# 56. Le kono

*Version simplifiée du « five field kono », jeu de stratégie d'origine coréenne, où les prises se succèdent à un rythme très rapide.*

**Âge :** à partir de 7 ans
**Durée approximative :** 10 minutes
**Nombre de joueurs :** 2
**Matériel :** 1 feuille de papier, 1 crayon, 8 pions verts, 8 pions rouges

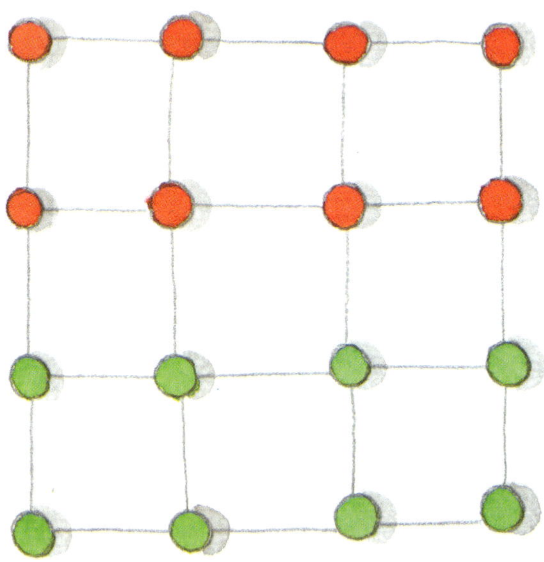

1 Tracez la grille sur une feuille, puis placez les pions sur les intersections, comme le montre l'illustration.

2 Après avoir choisi votre couleur de pions, tirez au sort pour savoir qui va commencer.

3 Comme aucune intersection n'est libre au départ, le premier joueur est obligé, pour se déplacer, de capturer un pion adverse. Les prises s'effectuent en sautant par-dessus l'un de ses propres pions pour rejoindre une case occupée par le pion convoité, située immédiatement derrière. Tout pion capturé est retiré du jeu.

4 Quand il commence à y avoir des espaces libres, un pion peut être déplacé d'un segment jusqu'à l'intersection suivante, dans n'importe quelle direction.

5 Un pion encerclé par l'adversaire et n'ayant plus aucune possibilité de mouvement est considéré comme capturé et retiré du jeu.

6 La partie se termine quand l'un des joueurs a pris tous les pions de son adversaire ou qu'il a réussi à paralyser toute action de sa part en les bloquant.

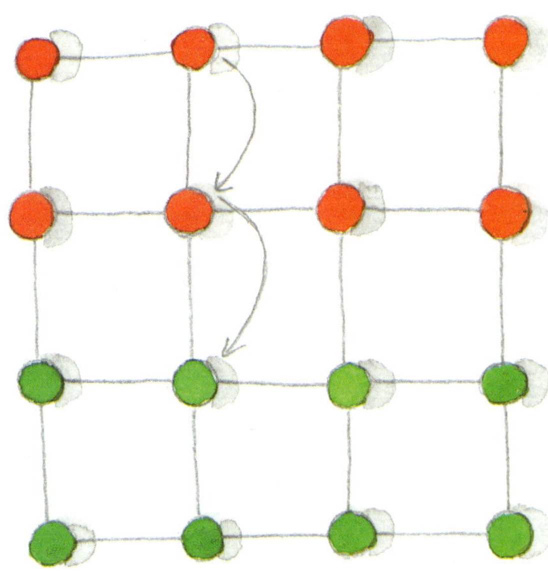

# 57. Le pong-hau-ki

*Un jeu très populaire en Chine et en Corée, dont la simplicité n'est qu'apparente.*

**Âge** : à partir de 7 ans
**Durée approximative** : 10 minutes
**Nombre de joueurs** : 2
**Matériel** : 1 feuille de papier, 1 crayon, 2 pions violets, 2 pions jaunes

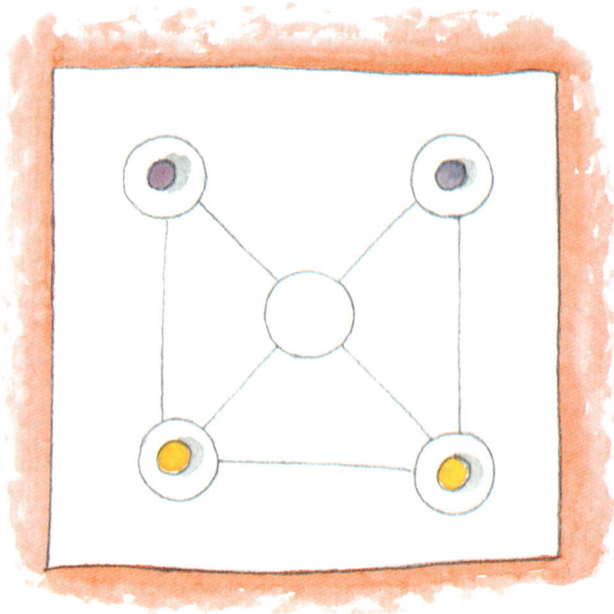

1 Recopiez le diagramme ci-contre sur une feuille de papier puis choisissez chacun votre couleur de pions.

2 Disposez les pions comme sur l'illustration. Tirez au sort pour savoir qui commence. Les pions sont déplacés d'un segment à la fois sur l'unique espace libre du jeu.

3 Le gagnant est celui qui parvient à bloquer les deux pions de son adversaire, c'est-à-dire à le mettre dans l'impossibilité de rejoindre l'espace libre.







# 58. Le pentalpha

*Un solitaire pratiqué depuis plus de trois mille ans, originaire du Proche-Orient.*

**Âge** : à partir de 8 ans
**Durée approximative** : 10 minutes
**Nombre de joueurs** : 1
**Matériel** : 1 feuille de papier, 1 crayon, 9 pions

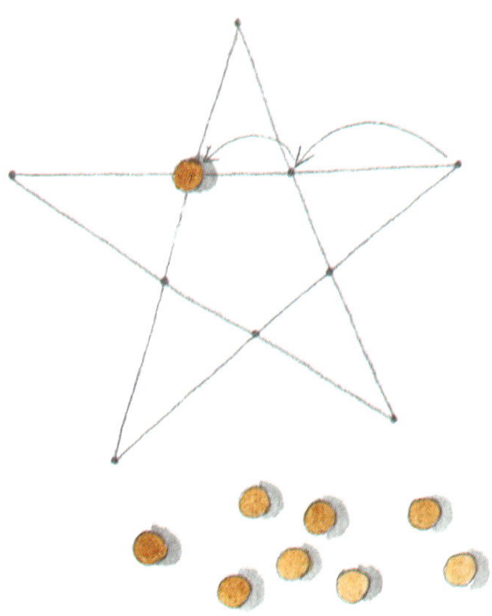

1 Dessinez une étoile à cinq branches comportant dix intersections, comme le montre l'illustration.

2 Placez un premier pion sur un point libre et avancez-le de deux points en ligne droite jusqu'à l'endroit où il va rester.

3 Introduisez ainsi les pions un par un, en partant toujours d'un point libre. Si les points d'arrivée et de départ doivent être libres, le point intermédiaire peut être occupé (il est possible d'enjamber un pion).

4 Répétez le processus avec chaque pion, le but étant d'arriver à placer les neuf pions sur l'étoile.

# 59. Le tchuka-ruma

*Originaire d'Inde, ce jeu adresse un passionnant défi au joueur solitaire.*

**Âge** : à partir de 8 ans
**Durée approximative** : 10 minutes
**Nombre de joueurs** : 1
**Matériel** : 5 tasses, 8 graines ou pions

1 À la place des tasses, vous pouvez aussi découper une série d'alvéoles dans une boîte d'œufs, ou encore vous contenter de dessiner cinq cercles sur du papier. Placez deux graines dans chaque récipient en commençant par celui de gauche. Le dernier, le « ruma », reste vide.

2 Le but du jeu est de réussir à regrouper toutes les graines dans le « ruma ».

3 Ramassez les graines du récipient de votre choix et distribuez-les une à une dans les récipients suivants, toujours de gauche à droite.

4 Si la répartition des graines se termine juste dans le « ruma », procédez à la distribution du contenu d'un autre récipient.

5 Si, après avoir semé dans le « ruma », il vous reste des graines dans la main, continuez à les distribuer une à une de la gauche vers la droite. Si la répartition aboutit à un récipient vide, la partie est perdue. Si elle aboutit au contraire à un récipient contenant déjà des graines, continuez.

# 60. L'awélé

*Sous ses multiples formes, ce jeu africain de course-poursuite stratégique est sans doute le jeu le plus pratiqué au monde. On l'écrit parfois avec un a (awalé).*

**Âge** : à partir de 8 ans
**Durée approximative** : 20 minutes
**Nombre de joueurs** : 2
**Matériel** : 12 tasses, 48 graines

1 Le jeu se compose de deux rangées de six cavités, traditionnellement sculptées dans le bois ou creusées dans le sable. Vous pouvez utiliser les alvéoles d'une boîte de douze œufs, ou deux rangées de coquetiers, tasses...

2 Chacune des douze cavités doit contenir, au départ, quatre graines. Les partenaires se placent chacun en face d'une rangée de six cavités.

3 Le premier joueur, tiré au sort, ramasse les graines dans l'une de ses cavités pour les répartir une à une, dans le sens inverse des aiguilles d'une montre, dans les quatre cavités suivantes. L'autre joueur procède de même, et ainsi de suite.

4 Quand la dernière graine semée porte le contenu de la cavité d'arrivée à deux ou trois graines, le joueur retire ces graines du jeu, y compris la sienne. De même, si les cases contiguës précédant immédiatement la cavité d'arrivée contiennent deux ou trois graines.

5 Quand un trou contient assez de graines pour faire un tour complet puis semer au-delà du trou de départ, ce dernier doit être sauté.

6 Si un joueur est contraint de vider la dernière cavité de sa propre rangée, l'autre joueur doit, s'il le peut, terminer son semis dans la rangée de son compagnon. Si le jeu ne permet plus aucune prise ou que tous les trous du côté d'un joueur restent vides sans que son partenaire puisse y remédier, la partie s'achève.

7 Quand la partie touche à sa fin, si un joueur a moins de quatre graines à l'issue d'une distribution, il les cède à son partenaire pour que le jeu puisse continuer.

8 La partie terminée, chaque joueur répartit les graines qu'il a capturées dans ses cavités, à raison de quatre par cavité. Le gagnant est celui qui a des graines en trop.

# 61. Le jeu des quatre saisons

*Ce jeu de stratégie est apprécié des enfants chinois, qui y jouent surtout à l'extérieur, en traçant le diagramme sur le sol.*

**Âge :** à partir de 8 ans
**Durée approximative :** 10 minutes
**Nombre de joueurs :** 2
**Matériel :** 1 carton fort, 1 crayon, 20 pions jaunes, 20 pions verts

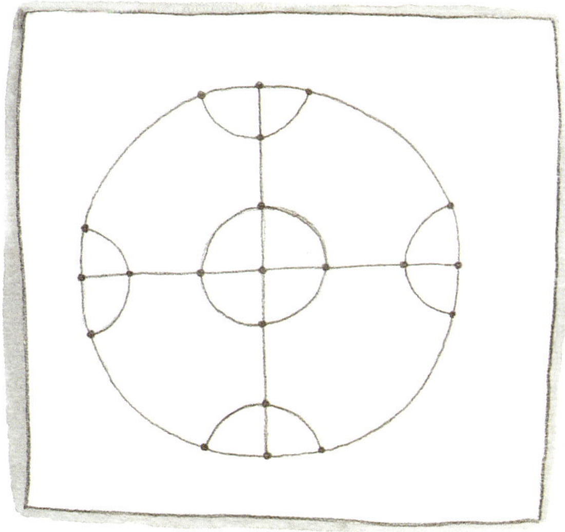

1 Dessinez sur du carton fort un diagramme identique à celui de l'illustration ci-contre.

2 Choisissez chacun votre couleur de pions et tirez au sort pour savoir qui commence.

3 Placez alors vos pions un à un, à tour de rôle, sur une intersection du diagramme.

4 Un pion bloqué par l'adversaire, c'est-à-dire privé de toute possibilité de déplacement sur une intersection voisine, est considéré comme pris et retiré du jeu.

5 La partie se termine quand l'un des deux joueurs a perdu tous ses pions ou que toutes les intersections sont occupées.

6 Le gagnant est celui qui a capturé le plus grand nombre de pions.

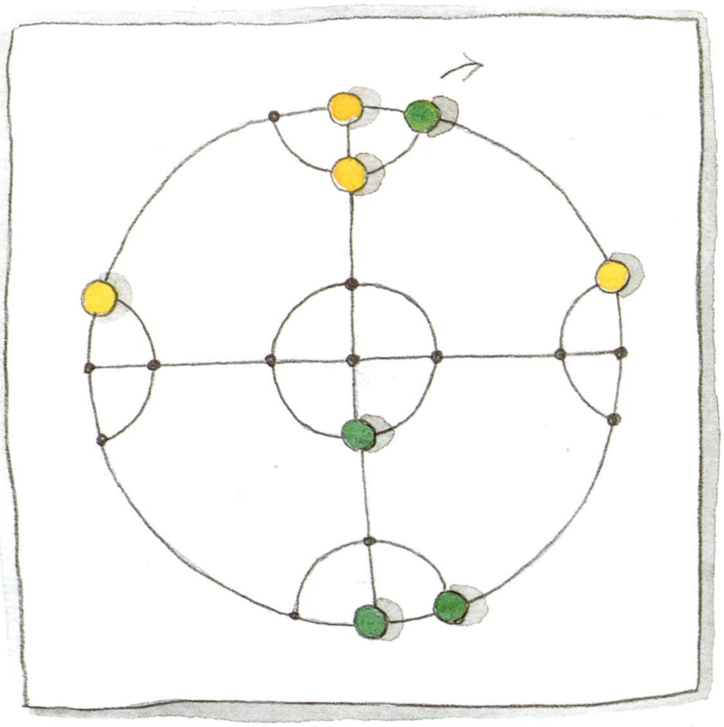

# 62. L'alquerque

*Pratiqué depuis plusieurs millénaires en Égypte et au Moyen-Orient, l'alquerque est une forme primitive du jeu de dames.*

**Âge** : à partir de 8 ans
**Durée approximative** : 30 minutes
**Nombre de joueurs** : 2
**Matériel** : 1 feuille de papier, 1 crayon, 12 pions blancs, 12 pions noirs

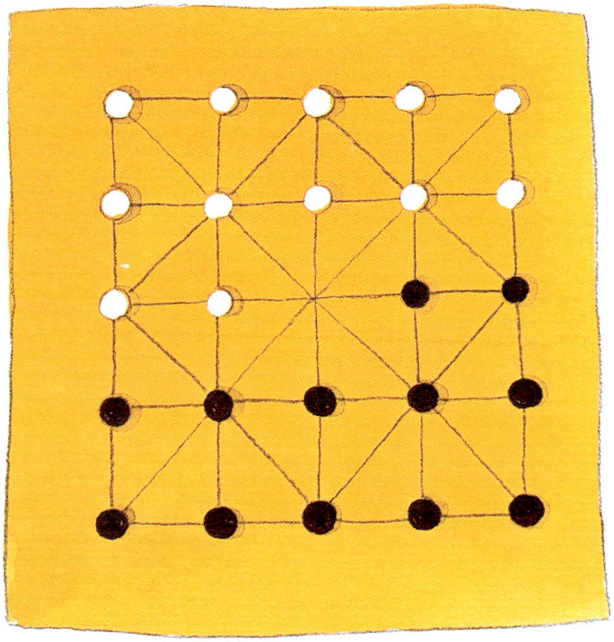

1 Dessinez une grille comportant 36 cases, puis tracez des diagonales pour obtenir le diagramme présenté ci-dessus.

2 Disposez les pions sur les intersections, comme le montre l'illustration, l'intersection centrale restant libre.

3 Déplacez chacun à votre tour un pion sur une intersection voisine libre, dans n'importe quelle direction, sauf vers l'arrière. Les pions situés sur les bords ne peuvent être déplacés que vers la droite ou la gauche.

4 Vous pouvez aussi vous déplacer en sautant par-dessus un pion adverse pour atteindre, en ligne droite, l'intersection libre suivante. Les sauts peuvent être enchaînés en changeant de direction. Si vous avez la possibilité de prendre et ne le faites pas, votre adversaire retire du jeu le pion concerné.

5 Un pion ne pouvant jamais être déplacé vers l'arrière, sa marche ne peut être que latérale quand il atteint une intersection située sur le bord de la grille.

6 Le gagnant est celui qui s'est emparé de tous les pions de son adversaire ou qui en a capturé le plus quand tout mouvement est devenu impossible.

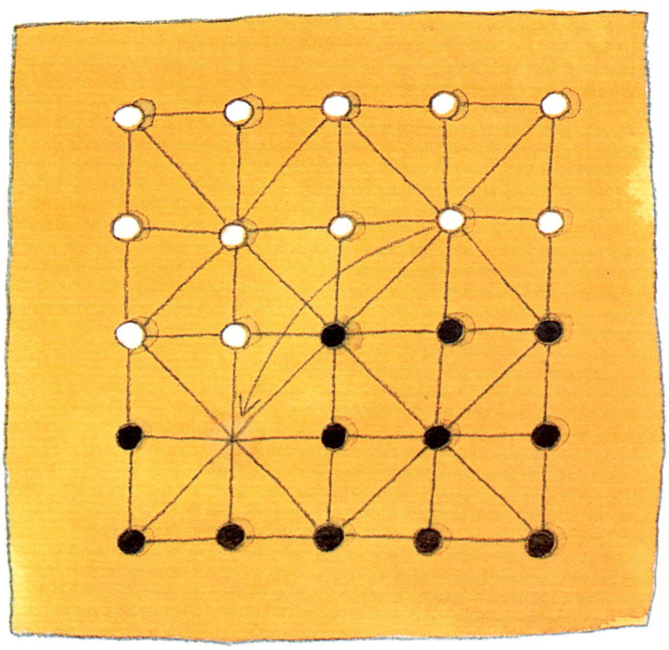

# 63. Les tigres et les agneaux

*Couramment pratiqué en Inde, sous le nom de « pulijudam », ce jeu de stratégie s'apparente à celui du Renard et des poules.*

**Âge :** à partir de 8 ans
**Durée approximative :** 10 minutes
**Nombre de joueurs :** 2
**Matériel :** 1 feuille de papier, 1 crayon, peinture rouge, 15 pions blancs, 3 pions noirs

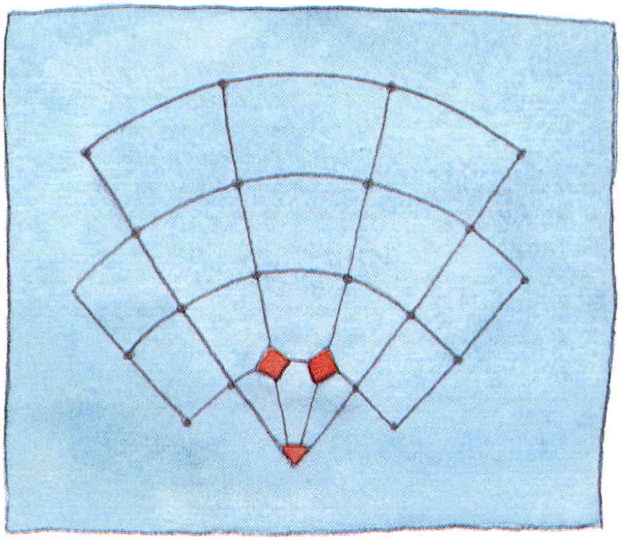

1 Dessinez un diagramme comme le montre l'illustration. Puis, tirez au sort votre couleur de pions : les pions noirs représentent les tigres, les pions blancs, les agneaux.

2 Posez chacun à votre tour un pion sur un point du diagramme. Les tigres sont obligatoirement placés au départ sur les cases rouges. Les agneaux sont introduits un à un sur la surface de jeu, mais ne peuvent bouger tant qu'ils n'ont pas été tous mis en place.

3 Les tigres peuvent prendre les agneaux en sautant par-dessus, à condition de se retrouver sur un point libre. Ils peuvent capturer plusieurs agneaux en enchaînant plusieurs sauts. Les agneaux ne peuvent prendre les tigres.

4 Les tigres gagnent la partie s'ils réussissent à éliminer tous les agneaux. Le but des agneaux est d'arriver à encercler les tigres en paralysant ainsi toute action de leur part.

**RAPPEL**

Pour les jeux comportant un tirage au sort, veuillez vous reporter aux chapitres 2.1 et 3.1, qui proposent différents modes de tirage.

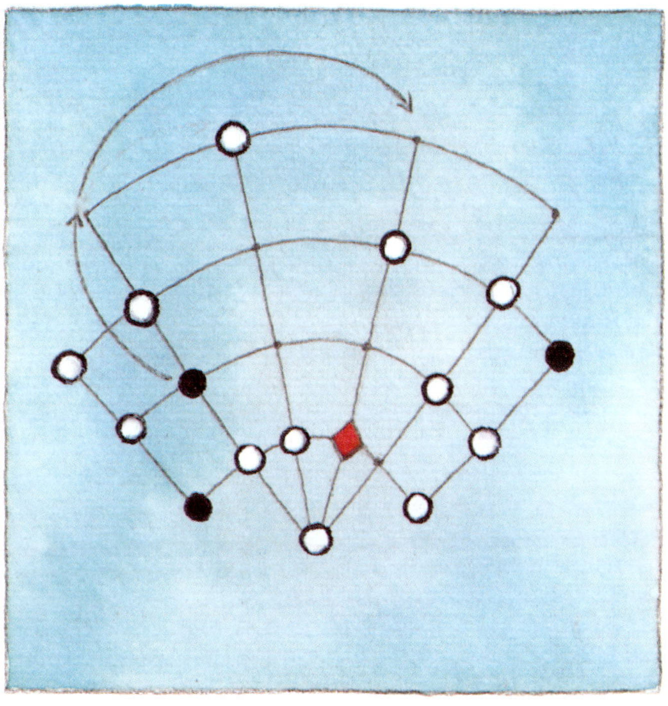

# 64. Le seega

*Jeu de stratégie encore couramment pratiqué de nos jours en Égypte et en Somalie.*

**Âge :** à partir de 8 ans
**Durée approximative :** 10 minutes
**Nombre de joueurs :** 2
**Matériel :** 1 feuille de papier, 1 crayon, 12 pions rouges, 12 pions noirs

1 Dessinez une grille comme le montre l'illustration, en décorant éventuellement la case centrale à votre goût.

2 Tirez au sort pour savoir lequel d'entre vous va commencer. Posez chacun à votre tour deux pions sur les cases libres du diagramme, sauf sur la case centrale.

3 Une fois tous les pions installés, déplacez-les horizontalement et verticalement d'une case à la fois, y compris sur la case centrale.

4 Si vous parvenez à encadrer un pion adverse entre deux de vos pions, vous êtes dans l'obligation de le capturer. Cela vous donne le droit de rejouer aussitôt avec le pion qui vous a permis de prendre. Un pion se trouvant dans la case centrale ne peut être pris.

5 Si tous les pions de votre adversaire sont bloqués en début de partie, rejouez pour lui ménager une ouverture.

6 Le gagnant est celui qui élimine tous les pions de son adversaire, ou qui a capturé le plus de pions en cas de situation bloquée.

# 65. L'assaut

*Jeu de stratégie militaire très en vogue en Europe à la fin du siècle dernier.*

**Âge** : à partir de 8 ans
**Durée approximative** : 10 minutes
**Nombre de joueurs** : 2
**Matériel** : 1 feuille de papier, 1 crayon, 24 pions noirs, 2 pions rouges

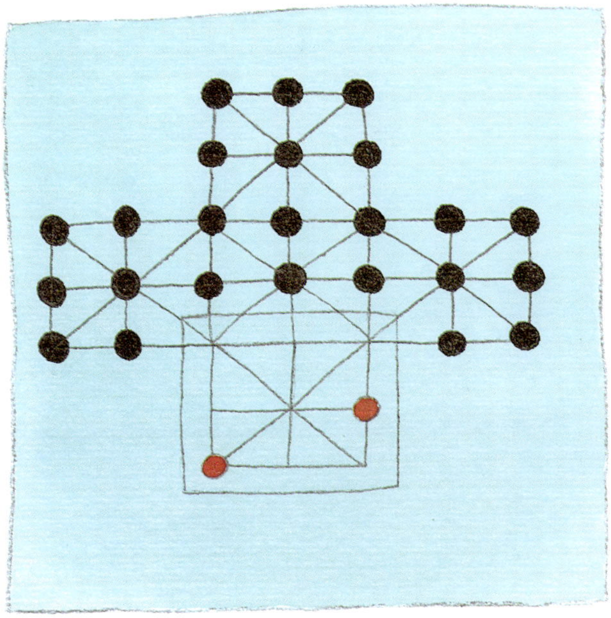

1 Dessinez le diagramme sur une feuille de papier, puis disposez les pions comme sur l'illustration. Le carré situé à la base de la surface de jeu représente la forteresse assiégée. Les deux pions rouges sont les officiers chargés de la défendre. Les pions noirs sont les soldats ayant pour mission de la conquérir.

2 Les soldats peuvent avancer vers la forteresse en ligne droite ou en diagonale, mais n'ont pas le droit de reculer. Les officiers peuvent se déplacer dans n'importe quelle direction et ont l'obligation de prendre en sautant par-dessus un soldat si le point suivant est libre, mais seulement à l'intérieur de la forteresse.

3 Les soldats doivent essayer d'occuper tous les points à l'intérieur de la forteresse ou d'encercler les rouges pour qu'ils ne puissent plus bouger. Les rouges doivent essayer de capturer tous les noirs qui entrent dans la forteresse.

4 Les officiers gagnent dès qu'ils arrivent à réduire les forces des assaillants à huit pions.

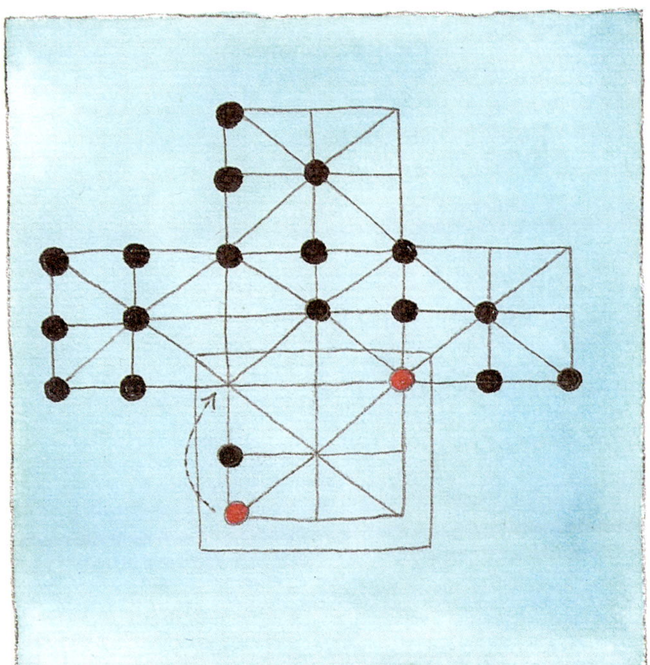

# 66. Le fanorona

*Le fanorona est un jeu de stratégie au dénouement très rapide, inventé à Madagascar au XVII^e siècle.*

**Âge :** à partir de 8 ans
**Durée approximative :** 10 minutes
**Nombre de joueurs :** 2
**Matériel :** 1 feuille de papier, 1 crayon, 22 pions blancs, 22 pions noirs



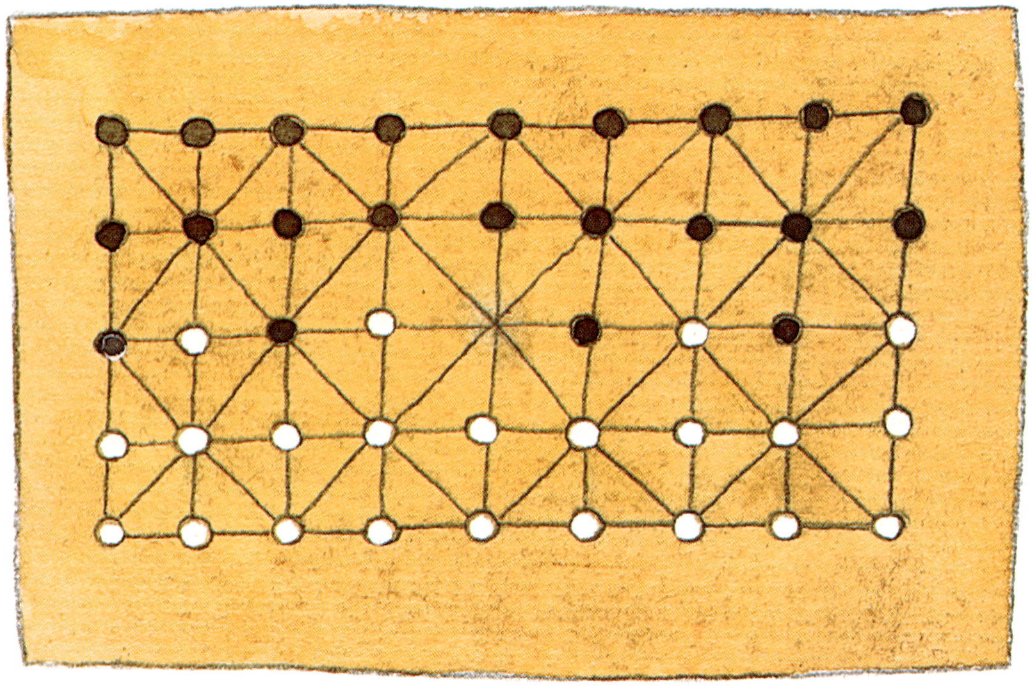

1 Dessinez le diagramme et disposez-y les pions comme sur l'illustration.

2 Déplacez un pion chacun à votre tour en lui faisant franchir autant d'intersections que vous le souhaitez, à condition qu'elles soient libres. Si, durant ce mouvement, vous arrivez sur une case près de laquelle se trouvent un ou plusieurs pions adverses alignés, vous pouvez les retirer du jeu. De même, si vous vous retirez d'une case près de laquelle se trouvent un ou plusieurs pions alignés. Quand un mouvement permet de prendre deux alignements, c'est celui qui comporte le plus de pions qui est retiré du jeu.

3 Si un joueur capture un pion adverse, il rejoue avec le pion qui lui a permis d'effectuer cette capture, sauf lors du mouvement qui ouvre la partie.

4 Quand un joueur ne peut effectuer de capture, il passe son tour.

5 Pour gagner, il faut réussir à éliminer tous les pions adverses.

Chapitre 2

# JEUX D'INTÉRIEUR

2.1

# Jeux de tirage au sort







Pour désigner le joueur qui va commencer, former deux équipes, attribuer à l'un des joueurs un rôle déterminé ou décider du chiffre jusqu'auquel, ou à partir duquel, il devra compter pour «coller»..., il existe plusieurs modes de tirage au sort qui évitent de longues discussions et permettent de parvenir à une solution rapide tout en s'amusant. Certains constituent d'ailleurs des jeux à part entière.

# 67. Or et argent

*Une méthode simple pour déterminer qui va choisir ou engager le jeu suivant.*

**Âge :** à partir de 6 ans
**Durée approximative :** 2 minutes
**Nombre de joueurs :** 2
**Matériel :** aucun

1 Placez-vous face à face à environ 3 mètres l'un de l'autre, mains dans le dos.

2 Le premier joueur avance d'un pas en posant un pied devant l'autre, de telle sorte que le talon du pied posé en avant touche la pointe de son autre pied, et annonce à voix haute : « Or ! »

3 Le second joueur en fait autant et annonce à voix haute : « Argent ! »

4 Les joueurs se rapprochent ainsi progressivement l'un de l'autre, comme s'ils marchaient sur un fil tendu, en annonçant chacun à leur tour « Or » et « Argent ».

5 Quand l'un des joueurs pense pouvoir toucher le pied de l'autre en faisant un pas de plus, il dit « Couvre ! » en faisant mine de poser le pied sur celui de son compagnon.

6 Il doit alors prouver que l'espace restant est insuffisant, en plaçant son pied obliquement par rapport à celui de son adversaire.

7 S'il y arrive, c'est à lui de choisir ou d'engager le jeu suivant.

# 68. Minorité

*Tous participent ici au choix de celui qui sera le premier à jouer.*

**Âge** : à partir de 6 ans
**Durée approximative** : 10 minutes
**Nombre de joueurs** : 3 ou plus
**Matériel** : aucun

1 Formez un cercle épaule contre épaule, mains dans le dos, et avancez chacun un pied pour le placer contre la pointe des pieds des autres joueurs.

2 Lorsque l'un des joueurs dit à voix haute «1, 2, 3, minorité!», chacun choisit de retirer ou non son pied.

3 On vérifie alors quels sont les joueurs en minorité, entre ceux qui ont gardé le pied en avant et ceux qui l'ont reculé. Les joueurs en majorité sont éliminés. S'il y a autant de joueurs avec le pied reculé qu'avec le pied avancé, on recommence à jouer.

4 On répète le processus jusqu'à ce qu'il ne reste plus qu'un joueur en minorité : c'est lui qui engagera le jeu suivant.



# 69. Dix-neuf et... l'œuf

*Une façon originale de compter pour tirer au sort qui va commencer.*

**Âge** : à partir de 6 ans
**Durée approximative** : 2 minutes
**Nombre de joueurs** : 2 ou plus
**Matériel** : aucun

1 Les joueurs forment un cercle et l'un d'eux scande de la main un compte qu'il fait mentalement au rythme de son choix.

2 L'un des joueurs peut dire «Stop!» à tout moment et celui qui compte doit alors continuer à compter à voix haute.

3 Il le fait en désignant chaque fois de la main un joueur, en commençant par celui qui se trouve à sa gauche.

4 En arrivant à dix-neuf, plutôt que de dire vingt, il dit : «Dix-neuf et... l'œuf.» Celui qui est désigné comme étant «l'œuf» est le premier à jouer au jeu suivant.

# 70. La courte paille

*Méthode classique d'attribution du premier tour ou d'un rôle particulier dans un jeu.*

**Âge** : à partir de 6 ans
**Durée approximative** : 2 minutes
**Nombre de joueurs** : 2 ou plus
**Matériel** : brins de paille, d'herbe ou brindilles

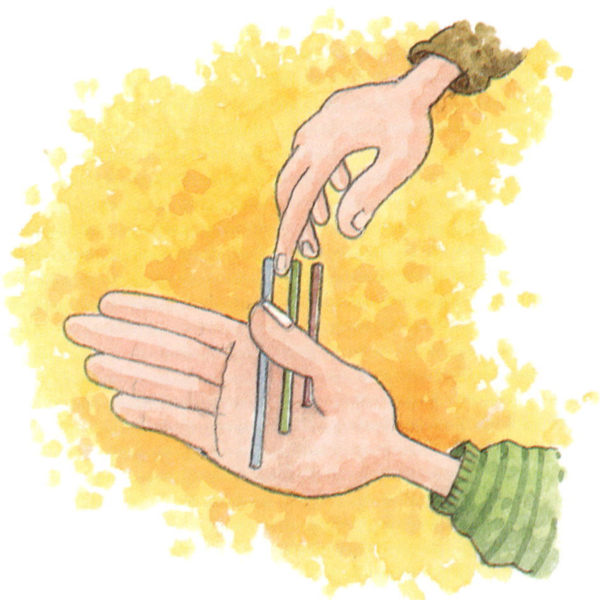

1 Rassemblez autant de brins de paille (brins d'herbe, brindilles...) que de joueurs. Il doivent être d'une longueur inférieure à la largeur de votre paume.

2 Coupez l'un d'eux plus court que les autres, afin qu'on le distingue bien.

3 Disposez ensuite les brins de paille dans votre main en les faisant tous dépasser de la même longueur.

4 Faites choisir un brin de paille à chaque joueur et prenez le dernier.

5 Celui qui tire le brin le plus court gagne. Suivant le cas, il choisit le prochain jeu, joue le premier, est meneur de jeu...

# 71. Hop !

*Jeu très rapide, qui crée immédiatement une bonne ambiance.*

**Âge** : à partir de 6 ans
**Durée approximative** : 2 minutes
**Nombre de joueurs** : 3
**Matériel** : aucun

1 L'un des joueurs tend sa main droite et les autres joueurs posent leur main droite dessus, de façon à former une pile, chacun annonçant à son tour le numéro correspondant à son tour : « 1, 2, 3... ».

2 Quand tous les joueurs ont posé leur main, celui dont la main se trouve à la base de la pile la retire pour la poser au sommet de la pile, et ainsi de suite, en allant de plus en plus vite.

3 Quand l'un des joueurs crie « Hop ! », chacun retire aussitôt sa main et la pose sur ses genoux, paume tournée vers le bas ou vers le haut. Le gagnant est celui dont la paume de la main est tournée à l'inverse de celle des autres.

4 Si tous les joueurs ont les paumes tournées dans le même sens, on recommence.

2.2

# Jeux d'expression

Qui imite-t-il? Que cherche-t-il à nous faire deviner?
Voici des jeux d'expression corporelle ou verbale engendrant pour la plupart des situations comiques qui mettront à coup sûr de l'ambiance dans les soirées en famille ou entre amis, ou occuperont joyeusement les après-midi pluvieux des vacances ou des week-ends.

# 72. Le petit zoo

*Un jeu simple pour les tout-petits, qui aiment bien imiter les animaux.*

**Âge :** à partir de 3 ans
**Durée approximative :** 10 minutes
**Nombre de joueurs :** 5 ou plus (dont un adulte)
**Matériel :** aucun

1 Un adulte dirige le jeu. Les enfants doivent se mettre debout, en cercle.

2 Le meneur de jeu cite le nom d'un animal et l'action qu'il accomplit. Par exemple : « La grenouille saute. »

3 Les joueurs imitent alors l'animal dans l'attitude indiquée, jusqu'à ce que le meneur de jeu annonce un autre animal.

4 Le meneur peut aussi répartir les enfants par deux et leur demander de mimer une action impliquant deux animaux, par exemple : « Le chat court après la souris. »







# 73. Le miroir

*Il est difficile de garder son sérieux dans ce jeu d'imitation, surtout si le partenaire fait des grimaces.*

**Âge :** à partir de 4 ans
**Durée approximative :** 10 minutes
**Nombre de joueurs :** 3 ou plus (dont un adulte)
**Matériel :** aucun

1 Le jeu est dirigé par un adulte qui demande aux joueurs de se faire face deux par deux.

2 À son signal, les joueurs de l'une des files se mettent à gesticuler et à prendre toutes sortes d'expressions. Les joueurs qui leur font face doivent les imiter du mieux possible, comme s'ils étaient leur miroir. Il est interdit de rire, sauf si le joueur à imiter rit lui-même.

3 Si l'imitateur rit, la paire concernée est éliminée. Au bout d'une minute, le meneur de jeu demande aux joueurs d'inverser leurs rôles.

# 74. Pauvre petit chat !

*Le petit chat doit arriver à faire perdre son sérieux à un autre joueur. Un jeu très apprécié des plus jeunes.*

**Âge** : à partir de 5 ans
**Durée approximative** : 10 minutes
**Nombre de joueurs** : 4 ou plus
**Matériel** : aucun

1 Les joueurs forment un cercle et celui que le sort a désigné pour être le petit chat se place au centre, à quatre pattes.

2 Il s'approche du joueur de son choix, dans l'intention de le faire rire, en disant trois fois « Miaou ! » et en faisant des grimaces.

3 Celui-ci doit lui caresser trois fois le dos sans rire ni sourire, en lui disant à chaque fois : « Pauvre petit chat ! » Les joueurs à qui ne sont pas adressés les miaulements ont le droit de rire.

4 Si le joueur arrive à garder son sérieux, le chat va trouver quelqu'un d'autre. Le joueur qui ne peut se retenir de sourire ou de rire remplace le petit chat.

# 75. Les statues

*Ce jeu où les joueurs doivent rester parfaitement impassibles demande un grand contrôle de soi.*

**Âge** : à partir de 5 ans
**Durée approximative** : 10 minutes
**Nombre de joueurs** : 5 ou plus
**Matériel** : aucun

1 Deux joueurs sont tirés au sort pour jouer le rôle du marchand et celui du client. Les autres joueurs se déplacent tout autour en gesticulant et en sautant, jusqu'à ce que le marchand crie : « Stop ! »

2 Les joueurs s'immobilisent alors dans la position où ils se trouvent. Le marchand s'approche de l'une des statues avec le client. Ils essaient de faire rire le joueur changé en statue en lui faisant des grimaces.

3 Si le joueur reste imperturbable, le client décrète qu'il s'agit d'une bonne statue et ils inversent leurs rôles. Le jeu recommence.

4 Les statues qui rient ou qui bougent sont refusées par le client. Elles se transforment à nouveau en statues au tour suivant.

# 76. Les initiales

*Pour exercer sa mémoire et développer son vocabulaire tout en s'amusant.*

**Âge** : à partir de 7 ans
**Durée approximative** : 2 minutes
**Nombre de joueurs** : 2 ou plus
**Matériel** : aucun

1 Tirez au sort un meneur de jeu et décidez de l'ordre d'intervention de chacun. Le meneur de jeu annonce à voix haute : « Citez des mots commençant par la lettre... », en indiquant la lettre de son choix.

2 Proposez alors chacun à votre tour un mot commençant par cette lettre, sans répéter un mot déjà cité.

3 Le jeu se termine quand plus personne n'est en mesure de proposer de mot nouveau ou quand quelqu'un en cite un qui a déjà été mentionné.

# 77. Mon père est forgeron

*Un jeu d'imitation, associant observation, mémoire et expression gestuelle.*

**Âge** : à partir de 7 ans
**Durée approximative** : 2 minutes
**Nombre de joueurs** : 4 ou plus
**Matériel** : aucun

1 Tirez au sort pour savoir qui va commencer et formez un cercle.

2 Le premier joueur dit à voix haute : « Mon père est forgeron et fait comme ça », en faisant semblant de frapper avec un marteau sur une enclume.

3 Vous devez tous imiter son geste. Puis, le deuxième joueur répète la phrase et le geste du premier joueur, et ajoute : « Ma mère est infirmière et fait comme ça », en faisant semblant de faire une piqûre.

4 Imitez tous ce nouveau geste. Récapitulez ainsi chacun à votre tour les métiers et gestes antérieurs en rallongeant la liste.

# 78. La chaîne de gestes

*Un jeu divertissant, qui fonctionne d'autant mieux que les joueurs sont nombreux.*

**Âge** : à partir de 8 ans
**Durée approximative** : 5 minutes
**Nombre de joueurs** : 6 ou plus
**Matériel** : aucun

1 Tirez au sort un meneur de jeu et asseyez-vous tous en cercle.

2 Le meneur de jeu compte en rythme « 1, 2, 3 » en faisant un geste répétitif – en se frappant trois fois le front, par exemple.

3 Dès qu'il a terminé, il enchaîne sur un autre geste – il lève les bras, par exemple –, tandis que le joueur suivant se frappe trois fois le front en comptant jusqu'à trois, tout en essayant de retenir le nouveau geste.

4 Quand le deuxième joueur a terminé de répéter le premier geste, le troisième le répète à son tour, tandis que le deuxième répète lui-même le deuxième geste, et ainsi de suite jusqu'au dernier joueur.

5 Si un joueur se trompe, une nouvelle partie s'engage, chacun étant meneur à tour de rôle.

# 79. Histoire à suivre

*Une bonne occasion de stimuler son imagination et de s'amuser en inventant les aventures les plus folles...*

**Âge** : à partir de 8 ans
**Durée approximative** : 10 minutes
**Nombre de joueurs** : 4 ou plus
**Matériel** : aucun

1 Le premier joueur commence à raconter une histoire de son invention.

2 Il s'interrompt soudain et le joueur suivant doit poursuivre son récit en ajoutant tout ce qui lui passe par la tête, avant de s'arrêter à son tour brusquement.

3 Chaque joueur enchaîne en essayant de donner à l'histoire une tournure inattendue et à la rendre la plus drôle possible. Essayez, à la fin, de vous souvenir du début de l'histoire !

# 80. Les ambassadeurs

*Ce jeu célèbre consiste à faire deviner par le mime à ses coéquipiers une liste de mots en essayant de battre de vitesse l'équipe adverse. Fous rires garantis !*

**Âge** : à partir de 8 ans
**Durée approximative** : 10 minutes
**Nombre de joueurs** : 7 ou plus
**Matériel** : aucun

1 Le joueur désigné comme meneur de jeu prépare une liste de quinze mots. Les autres joueurs forment deux équipes.

2 Chaque équipe envoie un ambassadeur près du meneur de jeu, qui leur chuchote à l'oreille le premier mot de la liste. Ceux-ci rejoignent aussitôt leurs coéquipiers pour leur faire deviner le mot en le mimant.

3 Le joueur de l'équipe qui trouve le mot se précipite aussitôt vers le meneur de jeu, qui lui chuchote le second mot de la liste.

4 L'équipe gagnante est la première à deviner le dernier mot de la liste.

# 81. Les métiers

*Dans ce jeu, il faut non seulement poser les bonnes questions, mais aussi décrypter les réponses.*

**Âge** : à partir de 8 ans
**Durée approximative** : 10 minutes
**Nombre de joueurs** : 2 ou plus
**Matériel** : aucun

1 Un joueur choisit un métier. Les autres lui posent toutes sortes de questions pour deviner de quoi il s'agit.

2 Le joueur interrogé ne doit donner que la première et la dernière lettre de la réponse. S'il a choisi le métier de « mécanicien », par exemple, à la question « Où travailles-tu ? », il répondra « AR » (AtelieR).

3 Celui qui, par déduction, devine de quel métier il s'agit choisit un métier à son tour.

# 82. De mime en mime

*Il est rare que les gestes du premier joueur soient transmis à l'identique jusqu'au bout de la chaîne !*

**Âge :** à partir de 9 ans
**Durée approximative :** 2 minutes
**Nombre de joueurs :** 5 ou plus
**Matériel :** aucun

1 Placez-vous côte à côte et regardez tous droit devant vous.

2 Le premier joueur choisit mentalement un animal ou un métier dont il mime les gestes à son voisin, qui a seul le droit de le regarder.

3 Celui-ci reproduit à son tour le mime à l'intention du joueur suivant, et ainsi de suite.

4 Le dernier de la chaîne doit deviner ce qu'a voulu imiter le premier.

# 83. Des mots dans le vide

*Lire des mots écrits dans le vide n'est pas aussi facile qu'il y paraît...*

**Âge :** à partir de 9 ans
**Durée approximative :** 10 minutes
**Nombre de joueurs :** 3 ou plus
**Matériel :** aucun

1 Tirez au sort le premier joueur. Il fait semblant d'écrire de son index, dans le vide, les lettres d'un mot que vous devez deviner.

2 Quand il a terminé, annoncez chacun à votre tour ce que vous croyez avoir lu.

3 Chaque bonne réponse fait gagner 1 point à celui qui a écrit le mot et 1 point à celui qui a deviné juste. Quand chacun a écrit un mot à son tour, totalisez les points pour savoir qui a gagné.

# 84. Les salutations tournantes

*Ce jeu est un bon moyen de rompre la glace quand les membres d'un groupe ne se connaissent pas bien.*

**Âge** : à partir de 9 ans
**Durée approximative** : 10 minutes
**Nombre de joueurs** : 9 ou plus.
**Matériel** : aucun

1 Tirez au sort un meneur de jeu. Puis formez deux rondes concentriques du même nombre de joueurs.

2 Le meneur de jeu vous indique ce qu'il va falloir faire quand il prononcera un chiffre, en disant, par exemple : « 1 : Serrez-vous solennellement la main », « 2 : Donnez-vous une chaleureuse accolade », « 3 : Saluez-vous d'un bref hochement de tête ».

3 Au signal « Tournez ! », le cercle intérieur se met à tourner vers la droite et le cercle extérieur vers la gauche.

4 Dès que le meneur de jeu annonce un chiffre, chaque joueur se retourne et salue comme il se doit celui qui se trouve alors en face de lui. On peut corser la difficulté en introduisant d'autres manières de saluer, et rendre ainsi le jeu encore plus drôle.

# 85. De quelle manière ?

*Un jeu de déduction dans lequel il faut être attentif à la manière dont se comportent les joueurs.*

**Âge** : à partir de 9 ans
**Durée approximative** : 10 minutes
**Nombre de joueurs** : 4 ou plus
**Matériel** : aucun

1 Tirez au sort celui qui doit quitter la pièce. Puis, choisissez un adverbe de manière : tristement, joyeusement, maladroitement...

2 Rappelez le joueur qui est sorti. Il doit alors vous interroger et vous devez lui répondre en adaptant votre attitude à l'adverbe choisi.

3 Il s'agit pour celui qui vous questionne de deviner l'adverbe en question en observant la manière dont vous vous comportez.

# 86. Les mots interdits

*En interdisant l'emploi de mots courants, ce jeu apprend à s'exprimer en diversifiant son vocabulaire.*

**Âge :** à partir de 11 ans
**Durée approximative :** 30 minutes
**Nombre de joueurs :** 4 ou plus (en nombre pair)
**Matériel :** 1 chronomètre ou 1 montre affichant les secondes, 1 feuille de papier, 1 crayon

1 Formez deux équipes comportant le même nombre de joueurs.

2 L'une des deux note un mot à deviner et trois mots associés à ne pas prononcer. Par exemple : « récolte : champ, légumes, fruits ».

3 Un joueur de l'autre équipe prend connaissance du mot et tente de le faire deviner à son équipe sans utiliser les mots interdits. Il a 2 minutes pour y arriver.

4 L'équipe ayant choisi le mot s'attribue 1 point toutes les 15 secondes. Si au bout de 2 minutes le mot n'a pas été trouvé, elle s'attribue un bonus de 2 points et cherche un autre mot.

5 Si l'autre équipe devine le mot dans le temps imparti, elle s'attribue 5 points, et c'est à son tour de chercher un mot à faire deviner à l'équipe adverse.

# 87. Sans la lettre...

*Réussir à dire la même chose en choisissant des mots qui ne renferment pas la lettre interdite, voilà un excellent moyen de mesurer la richesse de son vocabulaire.*

**Âge :** à partir de 11 ans
**Durée approximative :** 10 minutes
**Nombre de joueurs :** 2 ou plus
**Matériel :** aucun

1 Tirez au sort un meneur de jeu. Il dit une phrase quelconque, par exemple : « Mon chien aboie la nuit », puis ajoute « sans la lettre r ».

2 Vous devez alors former avec d'autres mots une phrase de même signification sans employer cette lettre, ou en l'utilisant au minimum.

3 Le gagnant est le joueur qui a eu le moins recours à la lettre interdite dans sa phrase.

# 88. Le cinéma muet

*Un jeu de mime pour acteurs en herbe, où il faut faire deviner aux autres des titres de films.*

**Âge :** à partir de 11 ans
**Durée approximative :** 10 minutes
**Nombre de joueurs :** 4 ou plus
**Matériel :** aucun

1 Tirez au sort le premier joueur. Il doit mimer devant vous le titre ou les scènes les plus représentatives d'un film.

2 Vous devez essayer, dans un temps donné, de deviner de quel film il s'agit. Vous pouvez faire plusieurs propositions.

3 Celui qui trouve le premier le titre du film mime à son tour.

# 89. Vague... mais vrai !

*Développe l'habileté à s'exprimer de façon détournée, tout en restant dans le vrai.*

**Âge :** à partir de 12 ans
**Durée approximative :** 10 minutes
**Nombre de joueurs :** 2 ou plus
**Matériel :** 1 feuille de papier, 1 crayon

1 Le joueur tiré au sort choisit mentalement un mot et vous indique s'il s'agit d'une personne, d'une chose ou d'un animal.

2 Vous l'interrogez pour essayer de deviner. Il doit vous répondre de la manière la plus indirecte possible, mais sans mentir. Ainsi, s'il choisit le mot «éléphant», à la question : «De quelle taille est-il ?», il peut répondre : «Plus gros qu'un kangourou, mais moins grand qu'un immeuble.»

3 Notez le nombre de questions posées sur une feuille de papier. Le gagnant est celui auquel il a fallu poser le plus de questions pour trouver la réponse.

2.3

# Jeux de rapidité et de réflexes

Jouer à la maison ne signifie pas pour autant s'amuser sans bouger. Savoir réagir sur-le-champ à un geste ou à un mot convenu, tel est le point commun de ces jeux dynamiques, axés sur la vivacité des réflexes, qui animeront gaiement vos heures de loisirs. Ils ne demandent qu'un espace réduit et souvent aucun matériel ou très peu : une montre, une craie pour tracer un trait sur le sol, des chaises...

# 90. La pile de mains

*Un passe-temps simple, qui fait la joie des plus petits.*

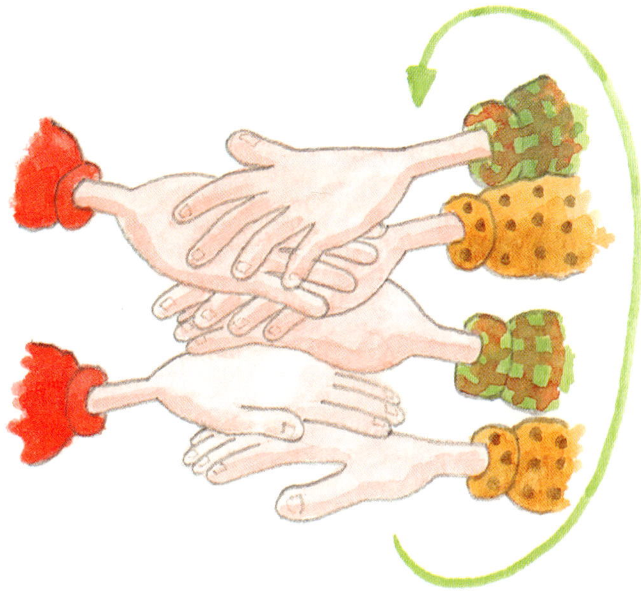

**Âge** : à partir de 4 ans
**Durée approximative** : 2 minutes
**Joueurs** : 2 ou plus
**Matériel** : aucun

1 Les joueurs s'assoient en cercle sur le sol ou autour d'une table.

2 Le premier pose une main au milieu, paume tournée vers le bas, et le suivant pose sa main par-dessus. Quand chacun a posé une main, on continue avec l'autre main.

3 Une fois la pile terminée, le premier joueur retire sa main du dessous et la pose par-dessus. Chaque joueur en fait autant à son tour.

4 Le jeu se poursuit ainsi, de plus en plus vite, jusqu'à ce que les joueurs ne puissent plus tenir le rythme.



# 91. Le pouce chinois

*Ce jeu peut être pratiqué n'importe où. Il permet aussi de tirer au sort celui qui jouera le premier.*

**Âge** : à partir de 5 ans
**Durée approximative** : 2 minutes
**Nombre de joueurs** : 2
**Matériel** : aucun

1 Les deux joueurs tendent chacun une main en avant et accrochent les extrémités recourbées de leurs doigts, le pouce restant libre.

2 Au signal « 1, 2, 3... top ! », chaque joueur doit essayer d'attraper le pouce de l'autre avec son propre pouce sans lâcher prise.

3 Le gagnant est celui qui réussit à attraper le pouce de l'autre et à le maintenir immobilisé en comptant jusqu'à 3. La partie peut aussi se jouer en trois victoires.

# 92. Les trois noms

*Suivant le nom prononcé, il faut se lever, s'accroupir ou conserver sa position. Une gymnastique ludique !*

**Âge :** à partir de 5 ans
**Durée approximative :** 2 minutes
**Nombre de joueurs :** 7 ou plus
**Matériel :** aucun

1 Tirez au sort un meneur de jeu, puis formez trois files face à lui.

2 Le meneur de jeu attribue à chaque file le nom d'un animal.

3 Quand il annonce l'un de ces noms, les joueurs de la file concernée doivent s'accroupir aussitôt. S'il donne ensuite le nom d'une autre file, ils doivent se relever rapidement. S'il répète le nom qu'il vient d'annoncer, les joueurs de la file concernée doivent conserver leur dernière position.

4 Le meneur de jeu cite les noms d'animaux de plus en plus vite pour induire en erreur les joueurs des différentes files.

# 93. Vrai ou faux ?

*Il faut réfléchir vite et imiter ou non l'action associée au métier, selon qu'elle est ou non logique.*

**Âge :** à partir de 5 ans
**Durée approximative :** 10 minutes
**Nombre de joueurs :** 4 ou plus
**Matériel :** aucun

1 Il est préférable que le meneur de jeu soit un adulte. Les joueurs se placent face à lui.

2 Le meneur de jeu dit une phrase associant un métier à une action. Par exemple : « Le menuisier scie le bois. »

3 Les joueurs ne doivent mimer l'action que si elle se rapporte au métier en question. Dans le cas contraire, ils doivent rester immobiles.

4 Le meneur de jeu essaie de citer des actions moins classiques pour semer le doute dans l'esprit des joueurs. Les joueurs qui se trompent sont éliminés au fur et à mesure.

# 94. Les ballons brouillés

*Pour éviter que les deux ballons ne se rencontrent, il faut avoir de bons réflexes !*

**Âge** : à partir de 5 ans
**Durée approximative** : 10 minutes
**Nombre de joueurs** : 8 ou plus
**Matériel** : 2 ballons

1 Tirez au sort ceux qui engageront le jeu avec les ballons, puis formez un cercle.

2 Les deux joueurs en possession des ballons doivent se placer aussi loin que possible l'un de l'autre.

3 Les ballons représentent deux amis qui se sont disputés et cherchent à s'éviter. Au signal de départ, les joueurs en possession des ballons les passent rapidement à leur voisin, dans un sens ou dans l'autre. Les deux ballons ne doivent pas se retrouver dans les mains d'un même joueur.

4 Les ballons doivent être passés de main en main, mais pas lancés. Si un joueur lance le ballon, le suivant ne doit pas l'attraper. Le joueur qui l'a lancé doit le ramasser et rejouer.

5 Si les deux ballons parviennent dans les mains d'un même joueur, celui-ci est éliminé. Si les joueurs sont assez nombreux, on peut utiliser trois ballons.

6 La partie se termine quand il ne reste plus que trois joueurs.

# 95. La main chaude

*Un jeu permettant d'exercer ses réflexes même dans un espace réduit (en voiture par exemple).*

**Âge :** à partir de 5 ans
**Durée approximative :** 2 minutes
**Nombre de joueurs :** 2
**Matériel :** aucun

1 Les joueurs se font face. L'un d'eux tend ses mains, paumes vers le haut ; l'autre les recouvre de ses mains tournées dans l'autre sens.

2 À tout moment, le premier joueur peut retirer rapidement une main ou les deux à la fois pour essayer de frapper une main de son adversaire ou les deux.

3 L'autre joueur doit être très vigilant et retirer aussitôt la main pour esquiver la tape.

4 Si le premier joueur réussit à lui frapper la main, les rôles sont inversés. Dans le cas contraire, chacun conserve son rôle.

# 96. Les chaises musicales

*Un jeu dynamique, qui ne manque pas de mettre de l'ambiance.*

**Âge :** à partir de 5 ans
**Durée approximative :** 10 minutes
**Nombre de joueurs :** 7 ou plus
**Matériel :** autant de chaises que de joueurs moins une, 1 radiocassette ou 1 instrument de musique

1 Disposez les chaises en cercle, dossiers tournés vers l'intérieur. Désignez un meneur de jeu puis formez une ronde autour des chaises.

2 Dès que le meneur de jeu met la musique en marche, ou joue de son instrument, mettez-vous à tourner autour des chaises. Dès que la musique s'arrête, chacun doit s'asseoir. Le joueur qui n'a pas de chaise est éliminé.

3 On retire alors une chaise et le jeu se poursuit ainsi jusqu'à ce qu'il n'en reste plus qu'une. Le vainqueur est le dernier à s'asseoir.

# 97. Eau, terre et air

*Pour ne pas être éliminé, il faut réagir rapidement aux consignes du meneur de jeu, sans se tromper.*

**Âge** : à partir de 5 ans
**Durée approximative** : 2 minutes
**Nombre de joueurs** : 3 ou plus
**Matériel** : 1 craie

1 Le meneur de jeu trace un trait à la craie sur le sol, ou choisit un joint de carrelage ou de parquet, par exemple, qui servira de ligne de démarcation.

2 Les joueurs se placent côte à côte en deçà de cette ligne, face à lui.

3 Le meneur de jeu doit annoncer successivement à voix haute les mots « Eau », « Terre » ou « Air » dans l'ordre de son choix.

4 S'il dit « Eau », les joueurs sautent à pieds joints de l'autre côté du trait. S'il dit « Air », ils sautent sur place et s'il dit « Terre », ils reprennent leur position initiale.

5 Le meneur de jeu doit essayer d'induire les joueurs en erreur en répétant deux ou plusieurs fois de suite la même consigne et en faisant se succéder rapidement des ordres différents. Le joueur qui n'effectue pas le mouvement demandé ou ne réagit pas assez vite est éliminé.

# 98. Le marchand et les voleurs

*Ce jeu, où il faut être leste et rapide, enchantera les plus jeunes.*

**Âge** : à partir de 5 ans
**Durée approximative** : 10 minutes
**Nombre de joueurs** : 3 ou plus
**Matériel** : 1 craie ou 6,5 m de ficelle, petits objets (clés, crayons, billes, etc.)

1 Tracez sur le sol un cercle de 2 mètres de diamètre. Si vous ne pouvez utiliser de craie, délimitez l'espace à l'aide d'une ficelle.

2 Le marchand, tiré au sort, répartit les objets dans le cercle, puis s'assied au milieu.

3 Les autres joueurs s'approchent à quatre pattes pour essayer de dérober les objets.

4 Si le marchand, sans sortir du cercle, touche les voleurs, ceux-ci sont éliminés.

5 Le jeu se termine quand tous les objets ont été volés ou tous les voleurs, éliminés.

# 99. Le volley assis

*Un jeu de ballon qui amuse les enfants sans mettre en danger les objets fragiles.*

**Âge** : à partir de 5 ans
**Durée approximative** : 10 minutes
**Nombre de joueurs** : 2 ou 4
**Matériel** : 5 m de ficelle, 1 ballon de baudruche

1 Attachez une ficelle horizontalement à 50 centimètres du sol, en guise de filet, et gonflez un ballon.

2 Asseyez-vous en nombre égal de chaque côté du filet.

3 Pour envoyer le ballon dans le camp adverse, vous devez rester assis et ne le frapper qu'une fois de la main. Quand le ballon atteint l'autre camp, il ne doit pas rebondir plus d'une fois avant d'être relancé. Sinon, le camp qui l'a lancé marque 1 point.

4 Si le ballon n'a pas été frappé assez fort pour passer le filet, un joueur peut se lever pour le frapper à nouveau, mais il fait alors gagner 1 point au camp adverse. La partie se joue généralement en 5 points.

# 100. Le bilboquet

*Inutile de disposer d'un bilboquet sophistiqué pour s'amuser à ce jeu d'adresse pratiqué très largement dans le monde. Vous pouvez facilement en confectionner un vous-même !*

**Âge :** à partir de 5 ans
**Durée approximative :** 10 minutes
**Nombre de joueurs :** 1 ou plus
**Matériel :** 1 gobelet en plastique, 1 compas ou une grosse aiguille, 50 cm de ficelle, pâte à modeler

1 Percez un trou dans le fond d'un gobelet avec la pointe d'un compas ou une grosse aiguille.

2 Faites-y passer de la ficelle de l'intérieur vers l'extérieur, après en avoir noué l'extrémité.

3 Sur l'extrémité libre de la ficelle, fixez une boule de pâte à modeler d'environ 3 centimètres de diamètre. Votre bilboquet est prêt.

4 Le jeu consiste à faire sauter la boule en l'air en essayant, par un bref mouvement du poignet, de la faire retomber dans le gobelet en plastique. Il peut se pratiquer à plusieurs, le gagnant étant celui qui réussit le plus grand nombre de coups successifs.

# 101. La pièce cachée

*Un jeu calme, où il faut découvrir, en tendant l'oreille, qui cache la pièce de monnaie.*

**Âge :** à partir de 6 ans
**Durée approximative :** 10 minutes
**Nombre de joueurs :** 6 ou plus
**Matériel :** 1 grande pièce de monnaie

1 Tirez au sort celui qui sera chargé de deviner où se trouve la pièce et celui qui devra la faire passer. Asseyez-vous en cercle, les deux joueurs tirés au sort se plaçant debout à l'intérieur du cercle.

2 Le joueur qui a la pièce se tient debout face à l'un des joueurs, les mains jointes. Celui-ci lui tend ses mains jointes pour qu'il y glisse la pièce, ou fasse semblant de l'y glisser. L'action se répète avec les autres joueurs.

3 Quand il a fait le tour du cercle, frappez le sol trois fois de vos mains jointes, puis ouvrez-les rapidement à plat, paumes contre le sol.

4 Le joueur chargé de deviner où est la pièce doit dire, au bruit qu'elle a pu faire, dans quelles mains elle se trouve. Il peut faire trois propositions.

# 102. Les petits ânes têtus

*Un jeu en général apprécié des enfants... puisqu'il faut y faire le contraire de ce qui est demandé !*

**Âge** : à partir de 6 ans
**Durée approximative** : 2 minutes
**Nombre de joueurs** : 3 ou plus
**Matériel** : aucun

1 Alignez-vous face au meneur de jeu désigné par tirage au sort.

2 Quand celui-ci vous donne un ordre, « Sautez ! » par exemple, vous devez aussitôt faire le contraire, c'est-à-dire vous accroupir.

3 Le joueur qui n'exécute pas le mouvement contraire à celui demandé est éliminé.

4 Le meneur de jeu complique de plus en plus le jeu en associant ses ordres à une partie du corps : « Avancez le pied droit », « Levez la main gauche »... et en faisant lui-même des gestes pour vous tromper.

# 103. Au ralenti

*Il n'est pas si facile d'avancer le plus lentement possible ! Voici un excellent exercice de maîtrise gestuelle.*

**Âge** : à partir de 6 ans
**Durée approximative** : 10 minutes
**Nombre de joueurs** : 3 ou plus
**Matériel** : aucun

1 Alignez-vous, dos contre un mur, face au meneur de jeu désigné par le sort.

2 Au signal convenu, mettez-vous à avancer le plus lentement possible en direction du mur opposé. Vous devez donner l'impression d'être filmés au ralenti en train de courir très vite et donc faire des gestes assez amples.

3 Le meneur de jeu doit s'assurer en permanence qu'aucun joueur ne reste immobile et l'éliminer si tel est le cas. Il doit aussi vous encourager à aller plus vite, comme s'il s'agissait d'une véritable course.

4 Pour gagner, il faut être le dernier à atteindre le mur opposé de la pièce.

# 104. Le courant électrique

*Un jeu dans lequel il faut avoir des talents de dissimulateur pour ne pas être découvert.*

**Âge** : à partir de 6 ans
**Durée approximative** : 10 minutes
**Nombre de joueurs** : 8 ou plus
**Matériel** : aucun

1 Tirez au sort celui qui sera le «contrôleur» et celui qui sera le premier à jouer.

2 Asseyez-vous en rond et donnez-vous la main. Le «contrôleur» se place au centre.

3 Le premier joueur dit : «Je passe le courant à... » et poursuit en citant le nom de n'importe lequel de ses compagnons. En disant cela, il doit presser discrètement la main de l'un de ses deux voisins en essayant de ne pas se faire repérer par le contrôleur.

4 Quand un joueur sent qu'on lui presse la main, il presse discrètement la main du joueur suivant et cela jusqu'à ce que le courant parvienne au destinataire nommé. Quand celui-ci reçoit le courant, il dit : «Reçu!», et annonce à son tour le nom du joueur à qui il le destine.

5 Le contrôleur doit trouver par où passe le courant; s'il voit l'un des joueurs presser la main de son compagnon, il dit : «Ici!» Le joueur pris en flagrant délit et le contrôleur échangent alors leurs rôles.

# 105. Aimes-tu tes voisins ?

*Dans ce jeu, il s'agit d'être à la fois attentif à ce qui est dit et suffisamment rapide pour ne pas se retrouver sans chaise.*

**Âge :** à partir de 6 ans
**Durée approximative :** 10 minutes
**Nombre de joueurs :** 7 ou plus
**Matériel :** autant de chaises que de joueurs, moins une

1 Disposez les chaises en cercle, face au centre, puis tirez au sort celui qui sera le meneur de jeu et asseyez-vous tous, sauf lui.

2 Le meneur se tient debout, au milieu du cercle, et interroge l'un des joueurs : « Aimes-tu tes voisins ? » Celui-ci doit répondre : « Non. » Le meneur lui demande alors : « Qui préfères-tu ? » Le joueur donne deux noms, autres que ceux de ses voisins.

3 Les deux joueurs désignés doivent aussitôt changer de place avec les voisins qui ne sont pas aimés. Le meneur de jeu tente alors de s'asseoir sur la chaise de l'un des quatre joueurs qui se déplacent.

4 Si, à la seconde question, le joueur interrogé répond : « Changement général ! », changez tous de place en passant par le centre du cercle.

5 Celui qui se retrouve sans siège devient meneur et interroge à son tour un autre joueur.

# 106. Vive la mariée !

*Il faut être attentif au récit pour changer de place au bon moment et réagir vite, au risque de se retrouver sans siège.*

**Âge :** à partir de 7 ans
**Durée approximative :** 10 minutes
**Nombre de joueurs :** 7 ou plus
**Matériel :** autant de sièges que de joueurs, moins un

1 Disposez les sièges en un cercle assez large. Asseyez-vous tous, à l'exception du joueur tiré au sort pour être le narrateur, qui se place au centre du cercle.

2 Le narrateur attribue à chaque joueur, y compris lui-même, le rôle d'un invité à une noce (beau-père, ami, témoin...), en prenant soin d'attribuer à chaque fois le même rôle à au moins deux joueurs.

3 Après avoir distribué les rôles, il commence à raconter le déroulement d'une noce imaginaire. Chaque fois qu'il nomme au cours de son récit une catégorie particulière d'invités, les joueurs concernés doivent changer aussitôt de place. Le narrateur en profite pour essayer de s'approprier rapidement un siège.

4 Si, au cours de son récit, le narrateur crie : « Vive la mariée ! », tous les joueurs doivent quitter leur siège, courir au centre et sauter sur place en criant : « Vive la mariée ! », puis se dépêcher de retrouver une place.

5 Celui qui se retrouve sans siège prend la place du narrateur et poursuit le récit. Si les enfants sont trop jeunes, un adulte peut assumer le rôle du narrateur.

# 107. Top chrono !

*Un jeu idéal pour acquérir la notion du temps, où il faut savoir rester concentré, même quand on est distrait par des grimaces !*

**Âge** : à partir de 7 ans
**Durée approximative** : 2 minutes
**Nombre de joueurs** : 3 ou plus
**Matériel** : 1 chronomètre ou 1 montre indiquant les secondes

1 On désigne un « contrôleur du temps » et on lui remet une montre. Les autres joueurs ne doivent pas avoir de montre sur eux. Le contrôleur du temps indique une durée pas trop longue, une minute par exemple, et donne le signal du départ : « Top ! » Quand ils pensent que la durée indiquée est écoulée, les joueurs doivent à leur tour dire : « Top ! »

2 Le meneur peut faire toutes sortes de grimaces pour dé concentrer les joueurs, faire des gestes pour leur faire croire qu'il est urgent de dire « Top ! » ou au contraire qu'ils ont tout le temps de le faire.

3 Dès que l'un des joueurs pense que la minute est écoulée, il crie : « Top ! » Celui qui se rapproche le plus de la vérité gagne la partie et devient à son tour contrôleur du temps.

# 108. Bip !

*Ce jeu exerce la concentration et la vivacité d'esprit, car il faut être capable d'un calcul mental assez rapide pour ne pas être éliminé.*

**Âge** : à partir de 9 ans
**Durée approximative** : 2 minutes
**Nombre de joueurs** : 6 ou plus
**Matériel** : aucun

1 Asseyez-vous en cercle et tirez au sort qui sera le premier à jouer.

2 Choisissez ensuite un nombre compris entre 1 et 9, qu'il ne faudra pas prononcer.

3 Le premier joueur compte alors à voix haute en disant un nombre par joueur à partir de celui situé à sa droite. Quand il a fait un tour complet, le joueur suivant continue à compter.

4 Au moment de prononcer le chiffre interdit, l'un de ses multiples ou tout autre chiffre le contenant (par exemple 7, 14, 17, 49...), le joueur qui compte doit dire « Bip ! » à la place.

5 Le joueur qui se trompe est éliminé et quitte le cercle. Plus le cercle se resserre, plus le jeu devient rapide.

# 109. Pousse-pièce

*Savoir bien doser son tir, pour expulser de la surface de jeu une pièce adverse sans en faire sortir la sienne, tel est le principe de ce jeu d'adresse aussi simple qu'amusant.*

**Âge :** à partir de 7 ans
**Durée approximative :** 5 minutes
**Nombre de joueurs :** 2 ou plus
**Matériel :** 1 pièce par joueur

1 Délimitez un périmètre de jeu d'environ 0,5 × 1 mètre sur un support bien lisse (sol en carrelage, table...).

2 Posez chacun à votre tour votre pièce à l'extérieur de la surface de jeu et poussez-la du doigt, comme une bille, pour l'y faire pénétrer.

3 Tirez ensuite chacun à votre tour pour essayer de pousser une pièce adverse. Celui qui réussit à en toucher une rejoue aussitôt. Le but est de faire sortir les pièces adverses de la surface de jeu.

4 Le gagnant est celui qui réussit à faire sortir toutes les pièces adverses de la surface de jeu, sauf la sienne.

# 110. La pièce volante

*Un jeu d'adresse et de rapidité pour passer un bon moment avec de simples pièces de monnaie.*

**Âge :** à partir de 7 ans
**Durée approximative :** 5 minutes
**Nombre de joueurs :** 1 ou plus
**Matériel :** 5 pièces de monnaie

1 Pliez le bras, coude vers l'avant, en touchant votre épaule de la main, puis levez le coude, de façon que votre avant-bras soit horizontal, comme sur l'illustration.

2 Posez alors une pièce de monnaie près de votre coude, puis dépliez rapidement le bras en essayant de rattraper la pièce au vol avec la main qui était posée sur votre épaule.

3 Si vous réussissez, recommencez en empilant cette fois-ci deux pièces de monnaie, et ainsi de suite.

4 Si vous êtes plusieurs à jouer, le gagnant est celui qui arrive à rattraper le plus grand nombre de pièces à la fois.

# 111. Les tapes croisées

*Un excellent exercice de coordination, où il faut savoir réagir très vite.*

**Âge** : à partir de 8 ans
**Durée approximative** : 10 minutes
**Nombre de joueurs** : 5 ou plus
**Matériel** : aucun

1 Tirez au sort celui d'entre vous qui engagera le jeu. Asseyez-vous tous en cercle et posez les mains à plat devant vous en passant votre bras gauche sous le bras droit de votre voisin de gauche, et votre bras droit sur le bras gauche de votre voisin de droite.

2 Le premier joueur frappe le sol d'une main. La main se trouvant à la droite de cette main doit aussitôt répéter le geste et ainsi de suite, la tape devant être transmise le plus rapidement possible.

3 Un joueur peut, s'il le souhaite, exécuter deux tapes de suite, ce qui inverse l'ordre de transmission des tapes : c'est alors au joueur précédent de jouer et non au suivant. Il peut aussi remplacer la tape par un coup de poing sur le sol, faisant sauter le tour de la main suivante, le jeu reprenant normalement après.

4 Quand un joueur réagit trop tôt ou trop tard, ou frappe le sol alors qu'il ne doit pas le faire, il pose la main concernée sur son épaule et la laisse ainsi jusqu'à la fin de la partie.

5 Le gagnant est le dernier à conserver les deux mains au sol.

# 112. La bouteille ivre

*La confiance dans le groupe, qui doit avoir de bons réflexes, est ici indispensable pour que le joueur qui joue le rôle de la bouteille ose se laisser tomber d'un côté ou de l'autre.*

**Âge** : à partir de 10 ans
**Durée approximative** : 10 minutes
**Nombre de joueurs** : 7 ou plus
**Matériel** : aucun

1 Le joueur tiré au sort pour faire la bouteille prend position : debout, bien droit, bras croisés sur la poitrine.

2 Les autres joueurs s'assoient en cercle autour de lui, jambes tendues, leurs pieds joints en contact avec les siens.

3 Au signal, le joueur qui fait la bouteille bascule lentement dans la direction de son choix. Il doit rester parfaitement raide : garder le dos droit, ne pas plier les genoux, et s'efforcer de conserver les pieds rivés au sol.

4 Les joueurs qui se trouvent du côté où il s'incline doivent le repousser des mains dans la direction opposée, et ainsi de suite.

5 Le joueur qui ne réagit pas assez vite ou n'a pas assez de force pour retenir la bouteille, qui lui tombe alors dessus, devient bouteille à son tour.

2.4

# Jeux de fêtes

Un goûter d'anniversaire, ou toute autre fête réunissant un nombre important de participants est une excellente occasion d'organiser des jeux collectifs qui laisseront à tous d'inoubliables souvenirs.

Les jeux proposés ici peuvent se pratiquer à l'intérieur, mais aussi, si la saison le permet, dans la cour ou le jardin. Il n'est bien sûr pas nécessaire d'avoir un événement particulier à fêter pour en profiter.

# 113. La balle au pied

*Plus on est de fous, plus on rit dans ce jeu qui ne manque pas d'animation.*

**Âge :** à partir de 5 ans
**Durée approximative :** 10 minutes
**Nombre de joueurs :** 6 ou plus
**Matériel :** 1 ballon de baudruche et 50 cm de ficelle par joueur

1 Gonflez votre ballon et attachez-le avec une ficelle à votre cheville.

2 Au signal, essayez de marcher sur le ballon des autres pour le crever, tout en veillant à protéger le vôtre.

3 Les joueurs qui se retrouvent sans ballon sont éliminés.

4 Le gagnant est le dernier joueur à conserver son ballon intact.



# 114. La queue de l'âne

*Il n'est pas facile de rendre sa queue à l'âne quand on a les yeux bandés !*

**Âge :** à partir de 5 ans
**Durée approximative :** 10 minutes
**Nombre de joueurs :** 5 ou plus
**Matériel :** 1 feuille de papier, crayons de couleur ou feutres, punaises, cordelette, bandeau

1 Dessinez un âne sans queue, puis punaisez ce dessin au mur. Confectionnez une queue en défaisant les brins d'un morceau de cordelette à l'une de ses extrémités et en fixant une punaise à l'autre bout.

2 Bandez les yeux du joueur tiré au sort, puis faites-le tourner plusieurs fois sur lui-même et remettez-lui la queue de l'âne.

3 Il doit rendre sa queue à l'âne en suivant les indications données par les autres joueurs.

4 Il ne peut toucher le dessin qu'au moment d'y placer la queue. Les résultats sont souvent assez comiques.

# 115. Le paquet-surprise

*Un divertissement musical où le suspense est garanti jusqu'à l'ouverture du dernier paquet.*

**Âge :** à partir de 5 ans
**Durée approximative :** 10 minutes
**Nombre de joueurs :** 6 ou plus
**Matériel :** bonbons, boîtes de différentes tailles, papier cadeau, ruban adhésif, 1 radiocassette

1 Le meneur de jeu met des bonbons dans une petite boîte qu'il enveloppe de papier cadeau. Il place celle-ci dans une plus grande boîte qu'il enveloppe à son tour de papier cadeau. Et ainsi de suite, jusqu'à obtention d'un grand paquet-cadeau.

2 Il fait alors asseoir les joueurs en cercle autour d'une table et met en marche la musique.

3 Tant que la musique dure, le paquet passe de mains en mains, dans le sens des aiguilles d'une montre. Dès que la musique s'arrête, le joueur alors en possession du paquet commence à le défaire rapidement. Il s'interrompt dès que la musique reprend.

4 Le joueur qui réussit à ouvrir la dernière boîte en gagne le contenu.

# 116. La course à la cuillère

*Dans ce jeu, chacun gagne... au moins l'œuf avec lequel il a joué !*

**Âge :** à partir de 5 ans
**Durée approximative :** 2 minutes
**Nombre de joueurs :** 3 ou plus
**Matériel :** 1 cuillère et 1 œuf dur par joueur

1 Tirez au sort un meneur de jeu, puis placez une chaise à environ 2 mètres de l'un des murs de la pièce.

2 Alignez-vous devant le mur opposé. Coincez une cuillère dans votre bouche et posez-y votre œuf dur.

3 Au signal du meneur de jeu, avancez le plus rapidement possible en faisant attention de ne pas perdre votre œuf. Si vous le laissez tomber, vous devez vous arrêter et ne repartir qu'après l'avoir remis dans la cuillère.

4 Le gagnant est celui qui revient le premier à son point de départ après avoir contourné la chaise sans dommage.

# 117. De nez en nez

*Une épreuve d'adresse et d'équilibre où il est difficile de garder son sérieux.*

**Âge :** à partir de 6 ans
**Durée approximative :** 2 minutes
**Nombre de joueurs :** 8 ou plus (en nombre pair)
**Matériel :** 2 boîtes d'allumettes vides

1 Répartissez-vous en deux équipes et formez deux files, mains dans le dos.

2 Au signal donné, le premier de chaque file doit poser une boîte d'allumettes en équilibre sur son nez, puis se retourner et essayer de la passer au joueur suivant sans utiliser ses mains.

3 Si un joueur laisse tomber la boîte, il doit la reposer au plus vite sur son nez pour faire une nouvelle tentative.

4 L'équipe gagnante est celle qui réussit la première à acheminer la boîte d'allumettes jusqu'au dernier de la file.

# 118. Démêler la pelote

*Plus la « pelote » est emmêlée, plus il est difficile d'en défaire les nœuds.*

**Âge :** à partir de 6 ans
**Durée approximative :** 10 minutes
**Nombre de joueurs :** 6 ou plus
**Matériel :** aucun

1 Tirez au sort celui d'entre vous qui sera chargé de démêler la « pelote » de joueurs. Il se place dos tourné dans un coin ou quitte la pièce quelques instants.

2 Formez une file en vous donnant la main. Le premier de la file se contorsionne pour passer sous les bras et jambes des autres, en essayant de former une « pelote » très emmêlée.

3 Quand il est devenu impossible de l'emmêler davantage, serrez-vous au maximum les uns contre les autres et appelez le joueur chargé de vous démêler.

4 Il doit réussir à vous démêler pour vous replacer dans la position où vous vous trouviez au départ, en file, et dans le même ordre.

# 119. Les chaises chaussées

*Un bon exercice d'orientation où il faut avancer à quatre pattes les yeux bandés, pour aller caler à tâtons les quatre pieds d'une chaise.*

**Âge :** à partir de 6 ans
**Durée approximative :** 10 minutes
**Nombre de joueurs :** 3 ou plus
**Matériel :** 1 chaise, 1 bandeau et 4 chaussures par joueur (sauf pour le meneur de jeu)

1 Désignez un meneur de jeu. Il aligne les chaises contre le mur opposé de la pièce et en attribue une à chacun.

2 Le meneur vous bande les yeux et répartit toutes les chaussures sur le sol.

3 Au signal, vous vous mettez à quatre pattes et cherchez les chaussures à tâtons.

4 Quand vous trouvez une chaussure, essayez de retrouver votre chaise pour placer la chaussure sous l'un de ses pieds. Vous ne devez pas « chausser » la chaise d'un autre joueur.

5 Le premier à avoir calé les pieds de sa chaise avec quatre chaussures a gagné.





# 120. Le duo gourmand

*Un grand classique de nombreuses fêtes, terriblement salissant, mais quel spectacle ! Un vrai régal...*

**Âge :** à partir de 6 ans
**Durée approximative :** 2 minutes
**Nombre de joueurs :** 2 ou plus (en nombre pair)
**Matériel :** 1 bol de crème au chocolat, 1 biscuit à la cuillère, 2 bandeaux et 2 blouses par couple

1 Les deux joueurs s'assoient face à face, yeux bandés, leurs vêtements protégés par une blouse ou un tablier.

2 On pose entre eux un bol de crème au chocolat et on leur remet un biscuit à la cuillère ou un boudoir.

3 Chaque joueur trempe le biscuit dans la crème au chocolat et essaie de faire manger son compagnon.

4 Le jeu se termine lorsque l'un des joueurs arrive à manger entièrement le biscuit.

# 121. La course de chenilles

*Une course par équipe pouvant être organisée dans une grande pièce.*

**Âge** : à partir de 6 ans
**Durée approximative** : 10 minutes
**Nombre de joueurs** : 6 ou plus (en nombre pair)
**Matériel** : 2 ballons

1 Répartissez-vous en deux équipes et formez deux files sur le sol, en vous asseyant entre les jambes du joueur placé derrière vous.

2 Le premier joueur de chaque file reçoit un ballon et, au signal, le passe très vite, par-dessus sa tête, au deuxième, qui le passe au troisième, et ainsi de suite.

3 Quand le dernier joueur reçoit le ballon, il se lève aussitôt pour venir se placer en tête de file et faire ainsi progresser la chenille.

4 Si l'un des joueurs laisse tomber le ballon, celui-ci doit être récupéré par le premier de la file, qui le fait à nouveau passer vers l'arrière.

5 Est gagnante l'équipe qui réussit la première à accomplir une distance déterminée (traverser la pièce, par exemple).

# 122. Les ballons-surprises

*Ce jeu, qui réserve bien des surprises, met en général beaucoup d'ambiance.*

**Âge** : à partir de 6 ans
**Durée approximative** : 10 minutes
**Nombre de joueurs** : 6 ou plus
**Matériel** : farine ou bonbons ou confettis, ballons de baudruche, ficelle, sparadrap, punaises, 1 casquette

1 Introduisez de la farine, des bonbons ou des confettis dans des ballons, puis gonflez-les et attachez-les à une ficelle tendue à 20 centimètres environ au-dessus de la tête des participants.

2 Fixez avec du sparadrap plusieurs punaises à l'intérieur de la casquette, de telle sorte que seules les pointes dépassent à son sommet. Posez cette casquette sur la tête du premier joueur, tiré au sort.

3 Chacun doit essayer à son tour, en sautant sur place, de crever un ballon.

4 Quand un joueur crève un ballon, les autres participent volontiers à la récolte des bonbons, mais se gardent bien de partager la douche de farine ou de confettis ! Si le jeu se déroule dans une cour, vous pouvez remplir certains ballons d'eau.

# 123. L'orange au menton

*Passer l'orange à son voisin en se servant seulement de son menton… une véritable prouesse !*

**Âge** : à partir de 7 ans
**Durée approximative** : 2 minutes
**Nombre de joueurs** : 8 ou plus (en nombre pair)
**Matériel** : 2 oranges

1 Répartissez-vous en deux équipes et formez deux cercles.

2 Un joueur de chaque équipe reçoit une orange, qu'il coince entre son menton et sa poitrine, contre son cou.

3 Au signal convenu, chacun essaie de passer l'orange à son voisin de droite, qui doit la récupérer entre son menton et sa poitrine, sans s'aider de ses mains.

4 Si l'orange tombe, le jeu recommence à partir du premier joueur.

5 L'équipe gagnante est celle qui réussit la première à faire faire à l'orange un tour de cercle complet.







# 124. La croque aux pommes

*Un grand classique de bien des fêtes, où il faut être le plus rapide à croquer sa pomme.*

**Âge** : à partir de 7 ans
**Durée approximative** : 5 minutes
**Nombre de joueurs** : 4 ou plus
**Matériel** : ficelle, 1 pomme par joueur, 1 montre indiquant les secondes ou 1 chronomètre

1 Suspendez une pomme au niveau de la bouche de chaque joueur, puis fixez la durée du jeu (en général, 2 ou 3 minutes).

2 Au signal convenu, chacun essaie de mordre dans sa pomme en gardant les mains dans le dos (le tableau est souvent assez comique !).

3 Est déclaré vainqueur celui qui réussit à croquer le plus gros morceau de pomme dans le délai fixé au départ.

# 125. Les grignoteurs

*Les participants savourent leur victoire en mangeant leur biscuit, après que les spectateurs se sont délectés de leurs grimaces !*

**Âge** : à partir de 7 ans
**Durée approximative** : 2 minutes
**Nombre de joueurs** : 4 ou plus
**Matériel** : 1 biscuit par joueur

1 Les participants se placent face aux spectateurs, mains dans le dos, en levant au maximum le menton.

2 Quand ils sont dans cette position, le meneur de jeu, tiré au sort, leur pose un biscuit sur le front et donne le signal du début de jeu.

3 En remuant les muscles de leur visage, ils doivent réussir à amener le biscuit jusqu'à leur bouche.

4 Les joueurs qui laissent tomber leur biscuit à trois reprises sont éliminés.

5 Le gagnant est le premier qui réussit à mordre le biscuit... après maintes grimaces et contorsions !

# 126. La chasse au ballon

*Un jeu d'adresse consistant à diriger un ballon de baudruche de la pointe d'un crayon pour le faire entrer dans un carton.*

**Âge** : à partir de 7 ans
**Durée approximative** : 2 minutes
**Nombre de joueurs** : 4 ou plus
**Matériel** : autant de ballons de baudruche, de crayons et de cartons vides que de joueurs

1 Les joueurs se tiennent debout, dos contre l'un des murs de la pièce, un ballon gonflé dans une main et un crayon dans l'autre. Des cartons sont posés par terre à l'autre extrémité de la pièce, l'ouverture vers le haut.

2 Au signal, chacun des joueurs lance son ballon en l'air et, en le touchant seulement de la pointe de son crayon, essaie de le diriger vers son carton.

3 Le gagnant est celui qui réussit le premier à faire entrer le ballon dans son carton.

# 127. Les porteurs d'eau

*Un jeu idéal pour une fête estivale, car il ne faut pas avoir peur de se mouiller...*

**Âge :** à partir de 7 ans
**Durée approximative :** 2 minutes
**Nombre de joueurs :** 5 ou plus
**Matériel :** 1 gobelet en plastique par joueur, eau

1 Les joueurs forment un cercle, mains dans le dos, après avoir coincé dans leur bouche un gobelet en plastique.

2 Le meneur de jeu remplit d'eau le gobelet de l'un des joueurs.

3 Au signal convenu, celui-ci essaie de vider l'eau de son gobelet dans celui de son voisin de droite, sans se servir de ses mains.

4 L'eau est ainsi transvasée de gobelet en gobelet jusqu'à ce qu'il n'y en ait plus.

5 On compte alors le nombre de passes effectuées au cours du jeu, pour améliorer le score à la partie suivante.

# 128. La course au citron

*Ce concours de vitesse nécessite une bonne coordination entre les partenaires.*

**Âge :** à partir de 7 ans
**Durée approximative :** 2 minutes
**Nombre de joueurs :** 5 ou plus
**Matériel :** 1 citron pour 2 joueurs

1 Désignez un meneur de jeu et placez-vous deux par deux le long d'un mur, mains dans le dos, un citron coincé entre vos fronts.

2 Au signal du meneur de jeu, avancez vers l'autre extrémité de la pièce en prenant garde de ne pas faire tomber le citron.

3 Si le citron vous échappe, vous devez le ramasser et le replacer entre vos fronts avant de poursuivre.

4 Les gagnants sont les premiers à revenir au point de départ après avoir touché le mur opposé. À la fin du jeu, vous pouvez presser les citrons pour préparer une grande citronnade !

# 129. Les confettis baladeurs

*Un jeu qui met à l'épreuve l'adresse et la patience des participants.*

**Âge** : à partir de 7 ans
**Durée approximative** : 2 minutes
**Nombre de joueurs** : 2 ou plus
**Matériel** : 1 paille et 2 assiettes en carton par joueur, confettis

1 Munissez-vous chacun d'une paille et de deux assiettes, puis déposez dix confettis dans l'une de vos assiettes.

2 Au signal convenu, chacun essaie de transférer au plus vite les confettis dans l'autre assiette en les aspirant pour qu'ils restent collés au bout de la paille.

3 Le gagnant est le premier qui réussit à tous les déplacer d'une assiette à l'autre.

# 130. Passe-papier

*Dans ce jeu, il faut savoir retenir sa respiration et garder son sérieux.*

**Âge** : à partir de 8 ans
**Durée approximative** : 2 minutes
**Nombre de joueurs** : 5 ou plus
**Matériel** : 1 ou 2 feuilles de papier à cigarettes

1 Tirez au sort pour savoir qui va commencer. Remettez une feuille de papier à cigarettes au joueur désigné et formez un cercle.

2 Le premier joueur place le papier contre ses narines et inspire pour le maintenir en place.

3 Il passe le papier au joueur placé à sa gauche, qui doit le récupérer en inspirant par le nez, sans se servir de ses mains.

4 Le jeu se termine quand le papier tombe. On peut également jouer par équipes, la gagnante étant celle qui effectue le plus de passes avant la chute du papier.

# 131. Le puits

*Un jeu de groupe nécessitant de la concentration, de la rapidité et une bonne coordination gestuelle.*

**Âge :** à partir de 8 ans
**Durée approximative :** 2 minutes
**Nombre de joueurs :** 5 ou plus
**Matériel :** aucun

1 Choisissez un meneur de jeu ou désignez-le par tirage au sort.

2 Formez un cercle et fermez le poing gauche de façon à former un puits.

3 Quand le meneur de jeu dit : « Mon puits », chacun doit mettre le doigt dans la cavité de son propre poing, « Le toit », chacun se frappe le sommet du crâne, « Les fenêtres », chacun se touche les yeux, et « La porte », chacun se touche la bouche... Vous pouvez inventer d'autres relations mots-gestes.

4 Si le meneur de jeu dit : « Le puits de mon voisin », chacun doit mettre le doigt dans « le puits » de son voisin de droite, sans cesser de tenir sa main gauche en forme de puits.

5 Vous devez réagir à ses consignes sans vous tromper, c'est-à-dire faire le geste correspondant au mot cité. Celui qui se trompe est éliminé.

6 Pour corser la difficulté, le meneur de jeu accélère le rythme ou répète plusieurs fois la même consigne. Le gagnant est celui qui reste seul après élimination de tous les autres joueurs.

Chapitre 3

# JEUX D'EXTÉRIEUR

3.1

# Jeux de tirage au sort







Pour répartir les joueurs en équipes, désigner le joueur qui sera le premier à jouer, ou encore décider de l'attribution d'un rôle particulier à un joueur, ces jeux constituent un mode de désignation où l'intervention du hasard évite toute contestation.

Rapides et divertissants, ils peuvent aussi être pratiqués comme des jeux à part entière.

# 132. À l'aveuglette

*Pour former rapidement deux équipes, sans contestation possible.*

**Âge :** à partir de 5 ans
**Durée approximative :** 2 minutes
**Nombre de joueurs :** 7 ou plus
**Matériel :** aucun

1 Désignez deux chefs d'équipes parmi les joueurs, par exemple Camille et Victor.

2 Demandez à un troisième joueur de tourner le dos aux autres en se cachant le visage entre les mains. Les autres s'approchent alors tour à tour de lui par-derrière et lui touchent l'épaule. S'il dit « Camille », ils rejoignent l'équipe de Camille, s'il dit « Victor », ils rejoignent l'équipe de ce dernier.

3 Vers la fin, pour que les deux équipes soient le plus équilibrées possible, demandez à celui qui tourne le dos de dire, par exemple, deux fois « Camille » et une fois « Victor ».

4 Si les joueurs sont en nombre pair, le joueur qui avait le dos tourné se place lui-même dans l'équipe où il manque un joueur ; s'ils sont en nombre impair, il rejoint celle où l'âge moyen est le plus bas.

# 133. L'entre-deux

*Un bon moyen de désigner, en s'amusant, le joueur qui commencera le jeu suivant.*

**Âge :** à partir de 5 ans
**Durée approximative :** 2 minutes
**Nombre de joueurs :** 2 ou plus
**Matériel :** 1 craie ou 1 bâton, 1 caillou par joueur

1 Tracez sur le sol deux lignes parallèles espacées de 3 mètres. Placez-vous ensuite en file derrière la première ligne, un caillou à la main. Vous pouvez aussi jouer face à un mur, l'angle formé par ce dernier avec le sol pouvant servir de limite.

2 Lancez alors à tour de rôle votre caillou en essayant de le faire retomber le plus près possible de la deuxième ligne tracée au sol, ou de la base du mur.

3 Celui qui s'en approche le plus commence le jeu suivant.

# 134. Pierre, papier, ciseaux

*Ce mode de tirage au sort est très populaire en Chine et au Japon, où il est connu sous le nom de « chi-fou-mi ». On y joue parfois avec quatre options : pierre, papier, ciseaux et puits.*

**Âge** : à partir de 5 ans
**Durée approximative** : 2 minutes
**Nombre de joueurs** : 2
**Matériel** : aucun

1 Placez-vous l'un en face de l'autre, une main derrière le dos.

2 Dites ensemble «1, 2, 3!» et brandissez aussitôt votre main, soit poing serré (en forme de pierre), soit tendue à plat, doigts écartés (en forme de feuille de papier), soit poing fermé, index et majeur tendus (en forme de ciseaux).

3 Le papier l'emporte sur la pierre, puisqu'il l'enveloppe, la pierre l'emporte sur les ciseaux, puisqu'elle les brise, et les ciseaux sur le papier, puisqu'ils le coupent. Vous pouvez mimer l'action correspondante (couper le papier, briser les ciseaux...). Si les deux figures sont identiques, recommencez.

4 Celui qui a choisi l'élément le plus fort marque 1 point. Il faut être le premier à totaliser 3 points.

# 135. Moines et nones

*Un moyen rapide de choisir qui va commencer.*

**Âge** : à partir de 7 ans
**Durée approximative** : 2 minutes
**Nombre de joueurs** : 2
**Matériel** : aucun

1 Pour commencer, l'un de vous choisit les «moines», l'autre les «nones».

2 Après avoir mis chacun une main dans le dos, comptez jusqu'à 3 et brandissez votre main en pliant un certain nombre de doigts.

3 Additionnez les doigts tendus : si le résultat est impair, c'est celui qui a choisi les nones qui gagne ; si le nombre est pair, c'est celui qui a choisi les moines.

4 Pour gagner, il faut être le premier à totaliser trois victoires.

# 136. Le bon doigt

*Pour décider jusqu'à quel chiffre va compter le joueur chargé de «coller».*

**Âge :** à partir de 7 ans
**Durée approximative :** 2 minutes
**Nombre de joueurs :** 2 ou plus
**Matériel :** aucun

1 Le joueur qui doit «coller» tourne le dos à ses compagnons. Un autre joueur lui touche l'épaule du doigt.

2 Il se retourne aussitôt et le joueur lui montre ses mains croisées, doigts écartés, comme sur l'illustration.

3 Le joueur qui avait le dos tourné doit essayer de trouver le doigt avec lequel l'autre lui a touché l'épaule. Chaque fois qu'il se trompe, on dit 10, puis 20, puis 30, et ainsi de suite.

4 Quand il touche le bon doigt, il doit aussitôt se mettre à compter à haute voix jusqu'à la dizaine correspondante.

# 137. Par 2, par 4, par 3 !

*Pour former rapidement des équipes d'une façon très récréative.*

**Âge :** à partir de 7 ans
**Durée approximative :** 10 minutes
**Nombre de joueurs :** 8 ou plus (en nombre pair)
**Matériel :** aucun

1 Tirez au sort un meneur de jeu. Il annonce à voix haute : «Par... 3 !», par exemple.

2 Vous vous groupez alors par trois, bras dessus, bras dessous. Les joueurs qui n'y parviennent pas attendent l'ordre suivant.

3 Le meneur de jeu annonce rapidement d'autres chiffres. Vous devez obéir à ses ordres aussi vite que possible. Pour finir, il annonce le chiffre qui représente la moitié des joueurs, lui y compris, de façon à former deux équipes de force égale pour le jeu suivant.

3.2

# Jeux au sol

Une craie ou un bâton, voilà tout ce qu'il vous faut pour transformer n'importe quel bout de terrain en aire de jeu. Une forte envie de jouer, quelques amis... et le plaisir est assuré ! Vous trouverez ci-après un large éventail de jeux calmes ou animés, connus ou inédits, qui vous permettront d'exercer vos talents dans bien des domaines : adresse, agilité, précision...

## 138. La boucle enterrée

*Un jeu de cache-cache, à organiser sur la plage ou sur un terrain recouvert de sable.*

**Âge :** à partir de 5 ans
**Durée approximative :** 10 minutes
**Nombre de joueurs :** 3 ou plus
**Matériel :** 1 lacet ou 1 ruban noué en boucle, 1 bâtonnet d'environ 20 cm par joueur

1 L'un des joueurs trace un grand cercle sur le sable et enterre la boucle à l'intérieur tandis que les autres ont le dos tourné.

2 Quand il a terminé, il demande aux autres d'approcher. Chacun enfonce à tour de rôle son bâtonnet dans le sable pour essayer d'en extraire la boucle.

3 Celui qui arrive à la déterrer la cache à son tour dans le sable.

## 139. Le maître de maison

*Pour être le maître de maison, il faut réussir à en expulser de force tous les autres.*

**Âge :** à partir de 5 ans
**Durée approximative :** 2 minutes
**Nombre de joueurs :** 3 ou plus
**Matériel :** 1 craie ou 1 bâton

1 Tracez sur le sol les limites d'une maison dans laquelle vous puissiez tous entrer.

2 Asseyez-vous dos à dos, en étoile au centre de la maison.

3 Au signal, chacun pousse son voisin du dos pour l'expulser hors de la maison. Les joueurs dont les deux pieds franchissent la limite de la maison sont éliminés.

4 Le vainqueur est celui qui parvient à rester seul à l'intérieur de la maison.

# 140. La bûche

*Une épreuve de force qui ne manque pas de faire rire les spectateurs.*

**Âge :** à partir de 5 ans
**Durée approximative :** 10 minutes
**Nombre de joueurs :** 2
**Matériel :** aucun

1 L'un des joueurs est allongé à plat ventre sur le sol, l'autre s'agenouille à ses côtés.

2 Dès que le joueur couché crie « Top! », le joueur agenouillé doit essayer de lui décoller le ventre du sol, tandis qu'il s'efforce au contraire de rester plaqué contre terre.

3 Le joueur agenouillé gagne s'il réussit à compter jusqu'à 10 en maintenant le ventre de son compagnon soulevé.

4 S'il y parvient, il est déclaré vainqueur et les deux joueurs inversent les rôles.



# 141. Le monstre affamé

*Un jeu simple, qui fait le bonheur des plus petits.*

**Âge :** à partir de 5 ans
**Durée approximative :** 10 minutes
**Nombre de joueurs :** 6 ou plus
**Matériel :** 1 craie ou 1 bâton

1 Dessinez sur le sol un monstre avec une grande bouche, comme sur l'illustration.

2 Placez-vous tous à l'intérieur du monstre, le plus loin possible de la bouche.

3 Au signal, chacun essaie de pousser les autres dans la bouche du monstre sans y tomber lui-même.

4 Les joueurs « dévorés » restent dans la bouche et essaient d'y attirer les autres joueurs.

# 142. Les quilles

*Ce jeu, très répandu, comporte de multiples variantes. Celle que nous présentons ici, très simple, convient parfaitement aux plus jeunes.*

**Âge :** à partir de 5 ans
**Durée approximative :** 10 minutes
**Nombre de joueurs :** 2 ou plus
**Matériel :** 1 craie ou 1 bâton, 1 petit ballon de 10 cm de diamètre environ, 6 quilles

1 Tracez un premier trait sur le sol avec une craie ou un bâton et disposez les quilles à 5 mètres du trait. Si vous n'avez pas de vraies quilles, des bouteilles en plastique remplies de sable peuvent aussi bien faire l'affaire.

2 Chacun des joueurs a droit, à chaque tour, à trois lancers successifs, et marque 1 point par quille renversée. Au cours de ces trois lancers, les quilles ne sont remises en place que si elles sont toutes abattues.

3 Le joueur qui parvient à faire tomber toutes les quilles, même au dernier lancer, a le droit de rejouer et marque un bonus de 5 points.

4 Les parties de quilles se jouent en 50 points la plupart du temps.

# 143. Les images

*Ce jeu traditionnel réclame de l'habileté manuelle, que ce soit pour jouer ou pour confectionner soi-même les images.*

**Âge** : à partir de 6 ans
**Durée approximative** : 10 minutes
**Nombre de joueurs** : 2 ou plus
**Matériel** : images achetées ou petites photos découpées, ou dessins personnels sur du papier épais

1 Les images sont de petits dessins, en général de forme carrée, que vous pouvez acheter ou, mieux, confectionner vous-mêmes en découpant des photos dans des revues ou en les dessinant sur des carrés de papier épais.

2 Chaque joueur apporte le même nombre d'images, à moins que l'une d'entre elles ne soit considérée comme ayant une valeur supérieure aux autres. Ils forment sur le sol une pile avec les images mises en jeu. Elles doivent toutes être tournées à l'envers.

3 Le premier joueur, tiré au sort, frappe la pile d'un coup sec avec le plat de la main dans le but de retourner le plus grand nombre d'images possible.

4 Il ramasse les images qu'il a réussi à retourner et peut recommencer jusqu'à ce qu'il n'arrive plus à remettre aucune image à l'endroit. C'est alors au tour du joueur suivant d'essayer de gagner des images, jusqu'à épuisement du stock.



# 144. L'âne et son maître

*Les réflexes sont ici essentiels, si l'on veut éviter de trop faire l'âne et de servir de monture à ses amis.*

**Âge** : à partir de 6 ans
**Durée approximative** : 10 minutes
**Nombre de joueurs** : 4 ou plus
**Matériel** : 1 craie ou 1 bâton

1 Tracez sur le sol un cercle d'environ 3 mètres de diamètre, puis entrez tous à l'intérieur. Tirez au sort les deux joueurs qui seront respectivement l'âne et le maître.

2 L'âne se met en position accroupie. Son maître se place à ses côtés et doit veiller à ce que personne ne le touche.

3 Si un joueur réussit à toucher l'âne, ce dernier est tenu de faire le tour complet du cercle en le portant sur le dos.

4 Si un joueur est touché par le maître alors qu'il essaie de toucher l'âne, l'âne devient le maître et le joueur attrapé devient l'âne. L'ancien maître sort du cercle.

# 145. La course aux capsules

*Ce jeu, qui ne nécessite qu'un matériel réduit, permet aux enfants de passer un bon moment.*

**Âge :** à partir de 6 ans
**Durée approximative :** 30 minutes
**Nombre de joueurs :** 2 ou plus
**Matériel :** 1 craie, 1 capsule ou 1 bouchon par joueur

1 Tracez sur le sol un circuit comportant bon nombre de courbes et de rétrécissements. Délimitez aussi, aux deux extrémités, une case de départ et une case d'arrivée.

2 Déposez chacun votre capsule dans la case de départ. Puis, à tour de rôle, propulsez-la du doigt pour lui faire parcourir la plus grande distance possible à l'intérieur du circuit.

3 Si la capsule s'immobilise à l'intérieur du circuit, n'y touchez pas. Si elle sort du circuit parce que vous avez tiré trop fort, replacez-la à l'endroit même où elle a franchi la limite et attendez le tour suivant pour rejouer.

4 Vous pouvez compliquer la course et la rendre plus intéressante en parsemant le circuit de petits obstacles (pierres, petits morceaux de bois, etc.).

5 Le vainqueur de la course est celui qui parvient le premier à propulser sa capsule à l'intérieur de la case d'arrivée.

# 146. Les cercles

*Un jeu de tir d'une grande simplicité pouvant s'organiser n'importe où à l'extérieur.*

**Âge** : à partir de 6 ans
**Durée approximative** : 10 minutes
**Nombre de joueurs** : 2 ou plus
**Matériel** : 1 craie ou 1 bâton, 3 pièces par joueur

1 Dessinez une série de cercles, comme le montre l'illustration, puis inscrivez à l'intérieur de chacun un chiffre ou une instruction particulière, comme : « Trois lancers de plus » ou « Passez un tour. »

2 À partir d'une ligne de tir tracée au sol, le premier joueur lance ses 3 pièces en visant l'intérieur des cercles qui l'intéressent.

3 Si l'une de ses pièces tombe dans un cercle, il marque le nombre de points indiqué, ou suit l'instruction qu'il renferme. Si elle tombe sur le périmètre du cercle ou en dehors de celui-ci, il passe son tour.

4 Le gagnant est le premier à atteindre un chiffre convenu. En général, la partie se joue en 100 points.

# 147. Le sey

*Un jeu passionnant d'origine africaine, à pratiquer sur un terrain sablonneux. Il exerce à la fois les facultés d'observation et de dissimulation.*

**Âge** : à partir de 6 ans
**Durée approximative** : 10 minutes
**Nombre de joueurs** : 2
**Matériel** : 1 petite pierre

1 Asseyez-vous face à face et tracez entre vous deux cercles concentriques, comme sur l'illustration.

2 Creusez chacun trois petits trous devant vous, dans l'anneau formé par les deux cercles.

3 Le premier joueur cache la petite pierre, appelée « tibi », dans une poignée de sable au creux de ses mains jointes. Il remplit alors tour à tour ses trous, en laissant tomber le « tibi » discrètement dans l'un d'eux.

4 Son partenaire essaie alors de deviner dans quel trou est le « tibi ». S'il est dans le trou qu'il désigne, c'est à son tour de cacher la pierre. Sinon, le premier joueur creuse un nouveau trou à 3 centimètres du dernier trou creusé et cache à nouveau le « tibi ». On ne peut jamais enterrer le « tibi » deux fois dans le même trou.

5 Chacun creuse ainsi un nouveau trou à chaque échec de son partenaire. Le gagnant est le premier dont la série de trous rejoint celle de son compagnon.

# 148. Le court-bâton

*Un jeu de force dont le but est de soulever son concurrent de terre.*

**Âge :** à partir de 7 ans
**Durée approximative :** 2 minutes
**Nombre de joueurs :** 2
**Matériel :** 1 bâton bien solide d'environ 40 cm

1 Asseyez-vous par terre, face à face, les pieds de l'un appuyés contre les pieds de l'autre.

2 Saisissez tous les deux le bâton en intercalant vos mains.

3 Au signal convenu, tirez chacun vers vous dans le but de soulever votre partenaire.

4 Le gagnant est le premier qui parvient à soulever son partenaire.



# 149. Les arracheurs d'oignons

*Des oignons qui font rire, ce n'est pas banal! Ce jeu dérivé de la lutte à la corde permet de mesurer ses forces d'une manière amicale et divertissante.*

**Âge :** à partir de 7 ans
**Durée approximative :** 10 minutes
**Nombre de joueurs :** 5 ou plus
**Matériel :** aucun

1 Tirez au sort celui des joueurs qui sera le premier arracheur d'oignons.

2 Les autres, les «oignons», s'assoient en file : chacun se place, les jambes écartées, derrière le joueur qui le précède et passe ses bras autour de sa taille.

3 L'«arracheur d'oignons» saisit fermement les mains du premier de la file et tire de toutes ses forces pour le séparer de ses compagnons.

4 S'il y réussit, l'«oignon arraché» se place derrière lui pour l'aider à tirer les autres, et ainsi de suite.

# 150. La marelle du Ciel et de la Terre

*Pratiquée depuis des siècles dans le monde entier, sous de multiples variantes, la marelle associe précision, équilibre et habileté.*

**Âge** : à partir de 7 ans
**Durée approximative** : 30 minutes
**Nombre de joueurs** : 2 ou plus
**Matériel** : 1 craie, 1 pierre plate

1 Tracez sur le sol le même parcours que sur l'illustration. L'espace extérieur précédant la case 1 représente la Terre, et le demi-cercle du haut figure le Ciel.

2 Le premier joueur pousse la pierre du pied sur la première case. Si la pierre s'immobilise sur un trait ou dans une autre case, c'est au suivant de jouer. Si le tir est réussi, il saute à cloche-pied de case en case, en posant directement le pied sur la case 2, et en posant simultanément les deux pieds dans les cases 4-5 et 7-8.

3 Quand le joueur atteint le Ciel, il a le droit de se reposer avant d'effectuer le parcours inverse. En arrivant dans la case précédant celle où se trouve la pierre, il se penche pour la ramasser, en équilibre sur un pied, puis termine le parcours normalement. S'il fait un parcours sans faute, il lance sa pierre dans la case suivante. S'il échoue, il pourra recommencer à partir de la case où il a commis une erreur, quand tous les autres joueurs auront joué à leur tour.

4 Chaque fois qu'il boucle le parcours, le joueur se place sur la Terre, dos à la marelle, et lance la pierre par-dessus son épaule. Si elle retombe dans une case, il y inscrit ses initiales et elle devient sa « maison » : il pourra désormais y poser les deux pieds, tandis que les autres devront sauter par-dessus. Le jeu se termine quand toutes les cases ont un propriétaire ou qu'il devient impossible d'effectuer le parcours.

# 151. Le colimaçon

*Voici une marelle en colimaçon, plus simple que la précédente, mais tout aussi amusante.*

**Âge :** à partir de 7 ans
**Durée approximative :** 30 minutes
**Nombre de joueurs :** 2 ou plus
**Matériel :** 1 craie, 1 pierre plate

1 Tracez sur le sol un parcours en forme d'escargot, comme sur l'illustration.

2 Le premier joueur lance la pierre dans la case 1. Si celle-ci s'immobilise dans cette case, il la saute et poursuit à cloche-pied de case en case jusqu'à la dernière, où il peut se reposer. Il revient ensuite ramasser sa pierre et, le parcours terminé, la lance dans la case 2.

3 Il effectue à nouveau le parcours à cloche-pied jusqu'au centre, se repose, et fait le chemin inverse pour ramasser la pierre dans la case 2, en équilibre sur un pied.

4 Chaque fois qu'il fait un parcours sans faute, il lance la pierre dans la case suivante et continue. S'il lance mal la pierre ou pose un pied quand il ne le faut pas, c'est au joueur suivant de jouer. Quand ce sera à nouveau son tour, il reprendra à partir de la case qu'il avait atteinte.

5 Le gagnant est le premier à réussir ainsi tout le parcours.

# 152. Le Lu-Lu

*Ce jeu hawaïen se jouait à l'origine avec de petits disques de roche volcanique.*

**Âge :** à partir de 7 ans
**Durée approximative :** 10 minutes
**Nombre de joueurs :** 2 ou plus
**Matériel :** 1 morceau de carton fort, 1 feutre noir

1 Découpez quatre pions de 2,5 cm de diamètre dans un morceau de carton fort, puis tracez au feutre, sur l'une des faces, les traits et points visibles sur l'illustration.

2 Déterminez en combien de points va se jouer la partie, en 50 points par exemple. Lancez chacun à votre tour les quatre pions ensemble. Additionnez alors le nombre de points obtenus, sachant qu'un pion tombant à l'envers ne rapporte aucun point.

3 Un joueur qui obtient le maximum de points en un seul lancer, c'est-à-dire 10 points, a le droit de rejouer aussitôt.

4 Le gagnant est celui qui atteint le premier le chiffre convenu au départ.

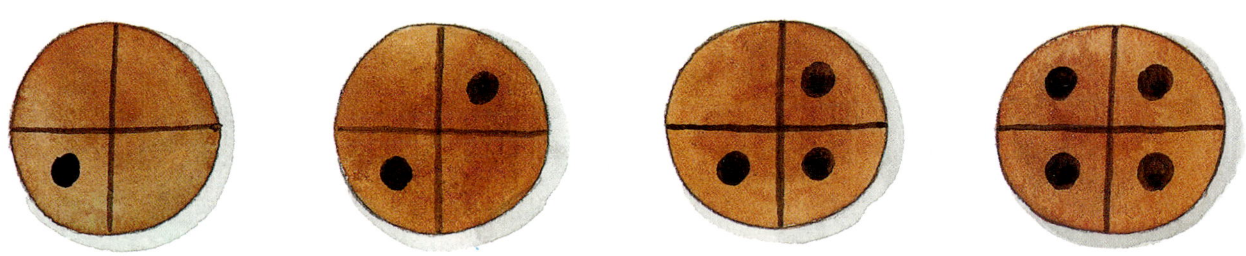

# 153. La rangette

*Un des nombreux jeux de billes pratiqués dans le monde, connu aussi sous le nom de « cercle » ou de « triangle », suivant la figure retenue.*

**Âge** : à partir de 7 ans
**Durée approximative** : 10 minutes
**Nombre de joueurs** : 2 ou 4
**Matériel** : 3 billes ou plus par joueur, 1 craie ou 1 bâton

1 Tracez un cercle d'environ 30 centimètres sur le sol et déposez en son centre les deux tiers dc vos billes, les «billes-enjeux».

2 Tracez une ligne de tir à environ 3 mètres. Lancez chacun à votre tour une bille, en essayant de déloger les autres du cercle.

3 Pour ce faire, posez votre bille sur l'ongle de votre pouce, dans le creux formé par l'index recourbé de votre poing fermé, comme le montre l'illustration, puis détendez brusquement votre pouce.

4 Si l'un des joueurs fait sortir une bille du cercle, il la ramasse et continue à jouer à partir de l'endroit où sa propre bille s'est arrêtée.

5 Il a le droit de rejouer chaque fois qu'il réussit un tir. Dans le cas contraire, c'est au tour du suivant. Le jeu se termine quand le cercle est vide. Le gagnant est celui qui a réussi à déloger le plus de billes.

# 154. Pile ou face

*Connu comme mode de tirage au sort, ce lancer de pièce peut aussi être un jeu à part entière, à pratiquer à plusieurs, comme ici.*

**Âge** : à partir de 7 ans
**Durée approximative** : 10 minutes
**Nombre de joueurs** : 5 ou plus
**Matériel** : 1 bâton, 1 pièce par joueur

1 Plantez un bâton dans le sol, puis tracez une ligne de tir à quelques mètres de là.

2 Placez-vous chacun à votre tour derrière ce trait pour lancer votre pièce en essayant de la faire retomber le plus près possible du bâton.

3 Le joueur dont la pièce est la plus proche du bâton ramasse toutes les pièces et les lance une à une en l'air en disant «pile» ou «face».

4 Si la pièce retombe du bon côté, il la rend à son propriétaire et marque 1 point. Il passe les pièces restantes au joueur dont la pièce se trouvait en deuxième position lors du tir initial. On répète le processus jusqu'à arriver au joueur dont la pièce se trouvait en dernière position.

# 155. Les puces

*Un jeu d'adresse à pratiquer de préférence sur une surface lisse et dure. Pour gagner, il faut viser juste !*

**Âge :** à partir de 8 ans
**Durée approximative :** 30 minutes
**Nombre de joueurs :** 2 ou plus
**Matériel :** 1 coupelle ou 1 autre récipient bas, jetons de couleurs différentes (4 petits et 1 grand d'une même couleur par joueur)

1 Posez le récipient choisi sur le sol. Plus il sera large et bas, plus le jeu sera facile.

2 Répartissez-vous autour, à la même distance, et alignez devant vous vos 4 petits jetons, les « puces ».

3 Efforcez-vous, chacun à votre tour, de faire sauter une puce d'un bond dans la coupelle en la pinçant avec le bord du grand jeton.

4 Un joueur qui fait sauter une puce dans le récipient a le droit de rejouer. Sinon, c'est au tour du suivant. Les pions qui retombent en dehors de la coupelle sont lancés au tour d'après de l'endroit où ils se trouvent.

5 Le gagnant est celui qui a placé le premier ses quatre « puces » dans la coupelle.



# 156. Le pot

*Un jeu de billes qui requiert une grande adresse et se pratique sur un sol en terre.*

**Âge :** à partir de 8 ans
**Durée approximative :** 10 minutes
**Nombre de joueurs :** 2 ou plus
**Matériel :** 1 bille par joueur, plus 1 bille pour le pot

1 Creusez un trou de la taille d'un poing, le pot, dans la terre et placez une bille au centre.

2 Lancez une bille chacun à votre tour en tâchant de la placer le plus près possible du pot.

3 Celui qui s'en approche le plus joue le premier à partir de l'endroit où sa bille s'est immobilisée.

4 Le but du jeu est de faire tomber la ou les billes adverses dans le pot. Celui qui touche une bille adverse a le droit de rejouer, mais pas plus de trois fois. Le joueur qui rate son tir cède sa place au suivant. Celui dont la bille est la dernière à tomber dans le pot gagne la partie et récupère les billes qui s'y trouvent.

# 157. Les cinq pierres

*Version actuelle du jeu des osselets, très prisé dans l'Antiquité et répandu par les Romains dans de nombreux pays, le jeu des cinq pierres comporte de nombreuses variantes. Nous vous en présentons ici les figures les plus classiques.*

**Âge** : à partir de 8 ans
**Durée approximative** : 30 minutes
**Nombre de joueurs** : 2 ou plus
**Matériel** : 5 petites pierres

1 Le principe du jeu consiste à lancer et rattra per les pierres en effectuant des figures se succédant dans un ordre précis. Lorsqu'un joueur échoue, il passe les pierres à son voisin de droite. Quand c'est à nouveau son tour, il reprend la partie à la figure qu'il n'avait pas réussi à exécuter la fois précédente.

2 Pour exécuter la figure des «uns», commencez par jeter toutes vos pierres sur le sol, puis ramassez-en une. Lancez-la en l'air et ne la rattrapez qu'après avoir ramassé l'une des autres pierres. Placez la pierre ramassée dans votre autre main et répétez le processus, pierre après pierre, jusqu'à ce qu'il ne reste plus de pierres au sol. Dans la figure des «deux», ramassez deux pierres au sol pendant que l'autre est en l'air. Dans la figure des «trois», ramassez-en trois, puis une. Enfin, dans la figure des «quatre», ramassez-les toutes les quatre à la fois.

3 Dans la figure du «pont», lancez quatre pierres au sol, puis posez au sol, à proximité des pierres, les extrémités de votre pouce et de votre index, écartés pour former un arc. Lancez alors la cinquième pierre en l'air et, avant de la rattraper, faites passer sous le pont l'une des quatre pierres d'un coup rapide du doigt. Recommencez jusqu'à ce que toutes les pierres soient passées sous le pont.

4 Dans la figure du «puits», fermez le point en ne repliant pas entièrement les doigts pour former un petit cornet. Pendant que la cinquième pierre est en l'air, ramassez une pierre au sol et mettez-la dans le puits. Quand vous les avez toutes ramassées une à une, laissez-les retomber au sol et ramassez-les toutes d'un seul coup lors d'un dernier lancer.

5 Dans la dernière figure, lancez en l'air toutes les pierres et tâchez d'en recevoir le plus possible sur le dos de vos mains tenues à plat l'une contre l'autre, paumes vers le bas. Si vous réussissez, relancez les pierres en l'air et récupérez-les, cette fois, dans vos paumes tournées vers le haut. Continuez ainsi tant qu'il vous reste des pierres. Ainsi s'achève le jeu.

# 158. La marche arrière

*Accomplir un petit parcours en marchant à reculons nécessite une bonne dose d'adresse, de patience et d'équilibre.*

**Âge :** à partir de 8 ans
**Durée approximative :** 10 minutes
**Nombre de joueurs :** 2 ou plus
**Matériel :** 1 craie ou 1 bâton, 1 miroir, petits objets (gobelets en carton, petites spierres...)

1 Tracez sur le sol un parcours matérialisé par un trait, avec une ligne de départ et une ligne d'arrivée. Parsemez-le de petits obstacles : gobelets en carton, petites pierres...

2 Le premier joueur se place de dos sur la ligne de départ, un miroir à la main.

3 Il commence alors à progresser à reculons en contrôlant le trajet dans le miroir, par-dessus son épaule. Il doit en permanence avoir au moins un pied posé sur la ligne tracée.

4 Les autres joueurs vérifient qu'il marche bien sur la ligne et l'informe des obstacles qu'il est sur le point de rencontrer.







# 159. Le mille-pattes

*Un exercice d'agilité, d'équilibre et de coordination très divertissant.*

**Âge :** à partir de 9 ans
**Durée approximative :** 10 minutes
**Nombre de joueurs :** 4 ou plus
**Matériel :** aucun

1 Asseyez-vous tous par terre, jambes écartées, chacun entre les jambes du joueur placé derrière, en formant une file très compacte.

2 Enserrez de vos jambes croisées la taille du joueur qui vous précède.

3 Suivant les ordres du chef de file, penchez-vous successivement à droite et à gauche jusqu'à avoir assez d'élan pour vous retourner d'un seul bloc et vous retrouver sur les mains, sauf le dernier, qui est le seul à utiliser ses pieds.

4 La chenille peut alors avancer, lentement d'abord, puis de plus en plus vite... jusqu'à l'écroulement général !

3.3

# Jeux en cercle

Il existe de nombreux jeux où les participants forment un cercle autour d'un des joueurs, ou se disposent ainsi pour pouvoir bien se voir tous en même temps. Ces jeux excluent la formation d'équipes, mais favorisent la complicité.

Dans ce chapitre, nous vous proposons un vaste choix de jeux où la rapidité, la capacité d'observation, la mémoire et bien d'autres aptitudes sont sources d'amusement et ne manquent pas de mettre de l'ambiance.

# 160. La bombe

*Plus la partie avance, plus le suspense augmente dans ce jeu très apprécié des plus jeunes.*

**Âge :** à partir de 4 ans
**Durée approximative :** 10 minutes
**Nombre de joueurs :** 6 ou plus
**Matériel :** 1 bandeau, 1 ballon

1 Tirez au sort le joueur qui servira de retardateur à la bombe. Demandez-lui de s'asseoir par terre, en tailleur, puis bandez-lui soigneusement les yeux et formez un cercle autour de lui. L'un de vous tient dans ses mains un ballon, qui figure la bombe.

2 Dès que le joueur aux yeux bandés crie : « Top ! », passez-vous le ballon en le gardant le moins longtemps possible entre vos mains. S'il crie : « Changez de sens ! », faites aussitôt tourner le ballon en sens inverse.

3 Le joueur du milieu doit compter jusqu'à 30, au rythme qu'il choisit. Il peut dire « Changez de sens ! » autant de fois qu'il le souhaite. En arrivant à 25, il signale : « La bombe va exploser ! », et en arrivant à 30, il crie : « BOUM ! »

4 Le joueur se trouvant en possession du ballon au moment de l'explosion s'assoit alors, jambes écartées, sans changer de place. Pour se passer le ballon, ses voisins de droite et de gauche doivent poser un pied entre ses jambes.

5 Recommencez ainsi jusqu'à ce qu'il ne reste plus qu'un seul joueur debout.

# 161. Le rat

*Qui cache le « rat » derrière son dos ? Pour le savoir, il faut ouvrir l'œil et tendre l'oreille. Les plus jeunes aiment beaucoup ce jeu.*

**Âge :** à partir de 4 ans
**Durée approximative :** 2 minutes
**Nombre de joueurs :** 7 ou plus
**Matériel :** 1 planchette en bois

1 Placez-vous en cercle, mains dans le dos, après avoir tiré au sort celui d'entre vous qui restera debout au centre.

2 L'un de vous cache dans ses mains une planchette de bois, le « rat ». Passez-vous le « rat » sans que le joueur du milieu s'en aperçoive.

3 Il doit essayer de deviner dans quelles mains il se trouve. Vous pouvez le guider au bruit, en grattant la planchette.

4 S'il trouve, il change de place avec celui qui tenait le « rat ».

# 162. Le furet

*Un jeu où il faut être rapide, sans pour autant changer de place.*

**Âge :** à partir de 5 ans
**Durée approximative :** 5 minutes
**Nombre de joueurs :** 6 ou plus
**Matériel :** 1 cordelette, 1 bague

1 Coupez une longueur de cordelette suffisante pour que tous les joueurs puissent la saisir facilement des deux mains.

2 Enfilez une bague sur la cordelette et nouez-en les extrémités.

3 Formez un cercle après avoir tiré au sort celui d'entre vous qui doit se placer au centre. Demandez-lui de fermer les yeux tandis que vous faites circuler l'anneau de main en main sur la cordelette en chantant :

«Il court, il court, le furet,
Le furet du bois, mesdames,
Il court, il court, le furet,
Le furet du bois joli.
Il a passé par ici,
Il repassera par là
Qui l'a?»

4 À cette interrogation, toutes les mains s'immobilisent et le joueur du centre ouvre les yeux. Il doit alors deviner qui tient l'anneau.

5 S'il y parvient, il rejoint le cercle et l'autre joueur prend sa place. Sinon, le jeu reprend.

6 Le joueur du centre peut faire une seule proposition par passe, et trois au total. Au-delà, il est éliminé.

# 163. Piou, piou !

*Un jeu tranquille, où il s'agit de reconnaître, en tendant l'oreille, qui pépie comme un poussin.*

**Âge** : à partir de 5 ans
**Durée approximative** : 2 minutes
**Nombre de joueurs** : 7 ou plus
**Matériel** : 1 bandeau, 1 cuillère en bois

1 Bandez les yeux de l'un des joueurs, mettez-lui dans la main une cuillère en bois, puis asseyez-vous en cercle autour de lui.

2 Le joueur aux yeux bandés se déplace alors lentement pour essayer de toucher l'un d'entre vous avec sa cuillère. Vous pouvez vous pencher pour éviter la cuillère, mais devez rester assis.

3 S'il touche l'un d'entre vous, il a le droit de le tâter en plusieurs endroits avec la cuillère, avant de lui ordonner de faire : « Piou, piou ! » S'il devine de quel joueur il s'agit, ils échangent leurs places. Dans le cas contraire, il va vers un autre joueur et continue à chercher.

# 164. Les mailles du filet

*Ce jeu aiguise l'attention et les réflexes, car il faut réagir aussitôt aux ordres du meneur de jeu. Il provoque aussi une joyeuse excitation !*

**Âge** : à partir de 6 ans
**Durée approximative** : 10 minutes
**Nombre de joueurs** : 10 ou plus
**Matériel** : aucun

1 Tirez au sort un meneur de jeu, puis répartissez-vous en deux équipes et formez deux cercles concentriques en vous tenant la main.

2 Si le meneur de jeu dit « Dedans ! », les joueurs du cercle extérieur se lâchent la main et essaient de pénétrer dans le cercle intérieur. Les joueurs qui le forment doivent, sans se lâcher les mains, les en empêcher.

3 Si le meneur crie « Dehors ! », ce sont les joueurs du cercle intérieur qui se lâchent la main et tentent de sortir du cercle formé par les autres joueurs. Ceux-ci font de leur mieux pour les en empêcher en se serrant au maximum les uns contre les autres.

# 165. Colin-maillard

*Le nom «colin-maillard» est apparu pour la première fois sous la plume de Rabelais, en 1534.*

**Âge** : à partir de 7 ans
**Durée approximative** : 10 minutes
**Nombre de joueurs** : 6 ou plus
**Matériel** : 1 bandeau

1 Tirez au sort celui d'entre vous qui aura les yeux bandés. Formez un cercle autour de lui en vous donnant la main.

2 Au signal convenu, le joueur aux yeux bandés essaie d'attraper l'un des joueurs en avançant à tâtons. Pour lui échapper, vous pouvez vous pencher, vous déplacer, vous accroupir, mais ne devez jamais vous lâcher.

3 Celui qui est pris n'a pas le droit de s'échapper avant que l'autre ait tenté de l'identifier. S'il est reconnu, il prend sa place. Sinon, il redevient libre et le jeu continue.

# 166. Partez-suivez

*Un jeu où il faut avoir de bons réflexes pour retrouver une place le plus vite possible.*

**Âge** : à partir de 7 ans
**Durée approximative** : 10 minutes
**Nombre de joueurs** : 11 ou plus
**Matériel** : aucun

1 Tirez au sort celui qui engagera le jeu. Formez deux cercles concentriques, chacun des joueurs du cercle intérieur se plaçant, de dos, devant un joueur du cercle extérieur, pour former des paires.

2 Le joueur tiré au sort court autour du cercle extérieur et frappe dans le dos d'une paire en disant : «Suivez!» ou «Partez!».

3 Les deux joueurs de la paire s'élancent aussitôt pour faire le tour du cercle extérieur en courant aussi vite que possible, afin de rejoindre les places laissées libres, soit dans le même sens que lui, s'il dit «Suivez!», soit dans le sens opposé, s'il dit «Partez!».

4 Les deux coureurs les plus rapides occupent les places restées libres et le troisième continue en relançant le jeu, et ainsi de suite.

# 167. Le planton

*Plus la ronde se rétrécit, plus il est difficile de ne pas toucher le «planton».*

**Âge :** à partir de 7 ans
**Durée approximative :** 2 minutes
**Nombre de joueurs :** 7 ou plus
**Matériel :** aucun

1 Tirez au sort celui d'entre vous qui fera le planton, puis formez un cercle autour de lui en vous donnant la main.

2 Le planton doit rester au garde-à-vous, sans bouger. À son signal, commencez à tourner autour de lui.

3 Quand il crie : «Étirez!», étirez au maximum les bras pour vous éloigner de lui, sans cesser de tourner.

4 Ceux qui le touchent ou se lâchent la main sont éliminés. La ronde se rétrécit ainsi de plus en plus.

5 Le jeu se termine quand les joueurs ne peuvent plus tourner sans toucher le planton de leurs bras.

# 168. Attention, sautez !

*Ce jeu, où il faut sauter assez vite et assez haut, développe l'agilité et les réflexes.*

**Âge :** à partir de 7 ans
**Durée approximative :** 2 minutes
**Nombre de joueurs :** 8 ou plus
**Matériel :** 1 corde de 1,5 m

1 Tirez au sort un meneur de jeu, puis formez autour de lui un cercle d'un rayon légèrement inférieur à la longueur de la corde.

2 Le meneur de jeu fait tournoyer la corde au ras du sol, de telle sorte que les joueurs soient obligés de sauter au moment où elle passe pour l'éviter.

3 À chaque tour, il annonce la hauteur de passage de la corde en criant «Bas!» quand il va la faire passer au ras du sol, «Moyen!» s'il la fait tourner au niveau des mollets et «Haut!» s'il la fait tourner au niveau des genoux.

4 Il fait tourner la corde de plus en plus vite. Ceux qui sont touchés par la corde pour n'avoir pas sauté à temps sont éliminés. Celui qui reste le dernier en jeu a gagné.

# 169. Les petits singes

*Des petits singes qui se grattent en série... un tableau qui devient de plus en plus comique au fur et à mesure que le nombre de gestes imités augmente.*

**Âge** : à partir de 7 ans
**Durée approximative** : 2 minutes
**Nombre de joueurs** : 7 ou plus
**Matériel** : aucun

1 Formez un cercle. Le premier joueur dit, en citant son prénom, « Je m'appelle... et ça me gratte ici » en se grattant, par exemple, au sommet du crâne.

2 Le deuxième joueur répète « Il s'appelle... et ça le gratte là » en se grattant la tête, puis il ajoute « Je m'appelle... et ça me gratte ici » en se grattant un bras, par exemple.

3 Chaque joueur répète ainsi la phrase et le geste précédents et rajoute une nouvelle phrase et un nouveau geste. Et ainsi de suite, jusqu'à ce que l'un des joueurs se trompe.







# 170. Les Martiens

*La langue ne doit pas fourcher, et les mimiques sont si drôles qu'il est difficile de garder son sérieux.*

**Âge** : à partir de 7 ans
**Durée approximative** : 10 minutes
**Nombre de joueurs** : 7 ou plus
**Matériel** : aucun

1 Asseyez-vous en cercle et attribuez-vous chacun un numéro.

2 Celui qui a le numéro 1 commence en posant ses pouces contre ses tempes et en disant : « Petit Martien n° 1 appelle Petit Martien n° 5 », par exemple. Pendant qu'il dit cela, ses deux voisins lèvent la main de son côté, comme on le voit sur l'illustration.

3 Le Petit Martien qui a reçu le message doit citer un autre joueur de la même manière tout en levant les mains.

4 Est éliminé celui qui tarde à répondre, qui se trompe en prononçant la phrase, ou ne lève pas la main du côté du voisin invité à parler.

# 171. Deux c'est assez, trois c'est trop !

*Ce jeu de poursuite très tonique, où les changements de rôle se succèdent rapidement, est aussi connu sous deux autres noms : « les cruches » et « les petits paniers ».*

**Âge** : à partir de 7 ans
**Durée approximative** : 10 minutes
**Nombre de joueurs** : 10 ou plus
**Matériel** : aucun

1 Tirez au sort deux joueurs qui feront le chat et la souris. Formez un cercle en vous tenant par le bras deux par deux, chaque paire étant distante des autres d'une longueur de bras. Posez votre main libre sur votre hanche, de façon que votre bras forme une anse.

2 Les poursuites s'effectuent toujours à l'extérieur du cercle. Les changements de direction sont autorisés. Celui qui est pris devient chat.

3 Le joueur poursuivi peut à tout moment s'accrocher au bras d'un autre joueur et devient alors intouchable. Cet accrochage a pour effet de libérer le troisième joueur du trio ainsi formé, qui devient chat à son tour, le chat poursuivant devenant souris.

# 172. La balle au bond

*Un jeu de réflexes et d'adresse où les joueurs doivent enchaîner les passes en faisant rebondir le ballon au centre du cercle.*

**Âge** : à partir de 7 ans
**Durée approximative** : 10 minutes
**Nombre de joueurs** : 9 ou plus
**Matériel** : 1 ballon

1 Formez un cercle en restant debout, jambes écartées, pied contre pied.

2 Un joueur engage la partie en frappant le ballon de la main pour le faire rebondir au centre du cercle dans la direction d'un autre joueur.

3 Le joueur visé ne doit pas attraper le ballon, mais le frapper de la même manière pour l'envoyer à un autre joueur, et ainsi de suite.

4 Comptez le nombre de passes à voix haute, en essayant d'effectuer un maximum de passes sans aucune interruption. Si le ballon sort du cercle ou rebondit plus d'une fois, recommencez à zéro.

# 173. La balle en cage

*S'il ne faut pas courir dans ce jeu de ballon, il faut néanmoins être souple et avoir de bons réflexes.*

**Âge :** à partir de 8 ans
**Durée approximative :** 10 minutes
**Nombre de joueurs :** 6 ou plus
**Matériel :** 1 ballon

1 Formez tous un cercle en vous tenant debout, jambes écartées, pied contre pied.

2 Demandez à quelqu'un de lancer le ballon au centre du cercle. Essayez aussitôt de le repousser des deux mains, pour le faire passer entre les jambes d'un autre.

3 Celui qui ne parvient pas à arrêter le ballon avant qu'il lui passe une première fois entre les jambes doit continuer à jouer en gardant une main dans le dos.

4 Si le ballon passe une deuxième fois entre les jambes d'un joueur, il doit se retourner et jouer à l'envers en regardant entre ses jambes.

5 La troisième fois, il est éliminé et doit se placer debout, mains dans le dos, à l'extérieur du cercle, qui se ressoude après son départ.

## 174. Le clin d'œil

*Un jeu de rapidité et d'observation, où il faut faire preuve d'une grande vigilance pour ne pas perdre son partenaire.*

**Âge** : à partir de 8 ans
**Durée approximative** : 10 minutes
**Nombre de joueurs** : 9 ou plus
**Matériel** : aucun

1 Tirez au sort celui qui se tiendra debout, mains dans le dos, au centre. Formez deux cercles concentriques autour de lui et groupez-vous par paires, un joueur du cercle intérieur se plaçant en face d'un joueur du cercle extérieur.

2 Dès que le joueur du milieu fait un clin d'œil à l'un des joueurs placé à l'avant d'une paire, celui-ci doit essayer de le rejoindre en courant.

3 Le joueur situé à l'arrière doit guetter le moindre geste du faiseur de clins d'œil pour empêcher son partenaire de s'enfuir.

4 Quand le joueur auquel était adressé le clin d'œil réussit à rejoindre le joueur du centre, ils forment tous deux une nouvelle paire, dans laquelle il prend, cette fois, la place arrière. Le joueur resté seul après le départ de son partenaire se place à son tour au centre.

## 175. Les étiquettes

*Dans ce jeu d'investigation, tous les autres savent ce que chacun cherche à deviner.*

**Âge** : à partir de 11 ans
**Durée approximative** : 30 minutes
**Nombre de joueurs** : 4 ou plus
**Matériel** : 1 bandeau et 1 étiquette adhésive par joueur

1 Asseyez-vous en cercle et attachez-vous un bandeau autour du front.

2 Inscrivez sur votre étiquette, à l'abri des regards indiscrets, le nom d'un personnage célèbre. Cela fait, collez l'étiquette sur le bandeau de votre voisin.

3 Posez alors à tour de rôle des questions aux autres sur le personnage qui vous a été attribué et que vous ne connaissez pas. Les autres ne peuvent répondre que par «oui» ou «non».

4 Le gagnant est le premier qui arrive à découvrir le nom du personnage inscrit sur l'étiquette placée sur son front.

3.4







# Jeux de cache-cache

Faisant appel à la curiosité, aux talents d'observation comme à la capacité de dissimulation, les jeux de cache-cache, souvent riches en suspense, font partie des passe-temps favoris des enfants.

Les grands espaces constituent un terrain de choix pour les organiser. Bois et parcs sont parfaits, à condition que le périmètre du jeu soit clairement défini.

# 176. Cache-cache

*Le jeu de recherche par excellence, présenté ici dans sa version la plus classique.*

**Âge :** à partir de 6 ans
**Durée approximative :** 10 minutes
**Nombre de joueurs :** 5 ou plus
**Matériel :** aucun

1 Un des joueurs, tiré au sort, se retourne contre un mur ou un tronc d'arbre pour «coller», c'est-à-dire compter jusqu'à un chiffre déterminé, pendant que les autres se cachent.

2 Il compte à voix basse, à l'exception des dizaines (10, 20, 30...), qu'il annonce à voix haute, et des cinq derniers chiffres, qu'il crie haut et fort pour annoncer qu'il va commencer la recherche.

3 Lorsqu'il a fini de compter, il part à la recherche de ses compagnons. Dès qu'il en aperçoit un, il crie son nom et revient en courant vers l'endroit où il a collé (le «but»), qu'il doit atteindre avant lui. S'il réussit, il frappe le but trois fois en disant «1, 2, 3...!», et poursuit en citant le nom du joueur aperçu, qui est alors éliminé.

4 Pendant ce temps, chaque joueur essaie de rejoindre le but avant d'être repéré. Ceux qui y parviennent le frappent trois fois de la main en disant : «1, 2, 3, sauvé!»

5 Si le chercheur ne réussit à prendre aucun joueur durant toute la partie, il conserve le même rôle. Sinon, c'est le dernier pris qui «colle» à son tour.

# 177. La sardine

*Dans cette variante originale du jeu de cache-cache, seul un joueur se dissimule, les autres le cherchent.*

**Âge :** à partir de 6 ans
**Durée approximative :** 10 minutes
**Nombre de joueurs :** 6 ou plus
**Matériel :** aucun

1 L'un des joueurs se cache pendant que les autres se retournent, mains devant les yeux, et comptent jusqu'à un nombre déterminé.

2 Quand ils ont fini de compter, ils se dispersent pour chercher, chacun de leur côté, celui qui est caché.

3 Si l'un d'eux le trouve, il se cache avec lui le plus discrètement possible.

4 Le jeu se termine quand tous les joueurs ont finalement réussi à trouver celui qui s'était caché au départ.

# 178. Le roi du silence

*Le roi du silence doit avoir l'ouïe fine et les voleurs se montrer très discrets.*

**Âge :** à partir de 6 ans
**Durée approximative :** 10 minutes
**Nombre de joueurs :** 3 ou plus
**Matériel :** 1 bandeau, petits objets faisant du bruit quand on les touche (clés, grelots...)

1 L'un des joueurs est tiré au sort pour être le « roi du silence ». Il s'assoit par terre et on lui bande les yeux, puis on place derrière lui un « trésor », constitué d'un trousseau de clefs ou de plusieurs grelots attachés ensemble. Les autres joueurs s'assoient derrière le roi du silence, à une certaine distance.

2 Les joueurs essaient, à tour de rôle, de s'approcher le plus discrètement possible du roi pour lui dérober son trésor.

3 Si le roi du silence entend le moindre bruit, il le dit. Le joueur qui se trouve juste derrière lui doit alors regagner sa place.

4 Si, au bout de 5 minutes, aucun des joueurs n'a réussi à voler le trésor du roi, celui-ci gagne la partie.

# 179. Cache-cache premier vu

*Le joueur chargé de «coller» doit découvrir, sans changer de place, où sont cachés les autres.*

**Âge** : à partir de 7 ans
**Durée approximative** : 30 minutes
**Nombre de joueurs** : 6 ou plus
**Matériel** : aucun

1 Le joueur qui a été tiré au sort pour «coller» se place debout, les bras en croix et les yeux fermés, et conserve cette position pour compter.

2 Les autres joueurs restent en contact avec lui jusqu'à ce qu'il commence à compter à voix haute. Ils se précipitent alors à la recherche d'une cachette.

3 Celui qui «colle» compte à rebours de 20 à 0. Quand il a terminé, il ouvre les yeux et essaie de repérer, sans changer de place, tous les joueurs visibles.

4 Il désigne par leur nom les joueurs qu'il aperçoit, qui sont alors éliminés. Il a le droit de faire trois pas dans la direction de son choix pour essayer de découvrir plus de joueurs.

5 S'il ne voit personne d'autre, il crie : «Sortez!» On se regroupe alors pour recommencer le jeu. Le premier qui a été vu est chargé de «coller». Il part, cette fois, d'un chiffre moins élevé, de 15 par exemple. Pour corser la difficulté et rendre le jeu plus animé, le compte est ainsi de plus en plus rapide, jusqu'à ce que tous les joueurs aient été trouvés.

# 180. Les cris des animaux

*Les joueurs s'associent deux par deux au travers du cri de l'animal qu'ils représentent.*

**Âge** : à partir de 7 ans
**Durée approximative** : 10 minutes
**Nombre de joueurs** : 16 ou plus
**Matériel** : 1 bandeau par joueur

1 Le meneur de jeu chuchote à l'oreille de chaque participant un nom d'animal et son cri, par exemple : « Chat, miaou ». Le même animal est attribué à deux joueurs.

2 Les joueurs se bandent les yeux et se dispersent sur le terrain. Au signal du meneur, chacun pousse le cri de l'animal qu'il représente.

3 Au milieu de ce vacarme, chaque joueur doit reconnaître celui qui représente le même animal que lui. Les joueurs qui arrivent à former des paires quittent le groupe.

4 Le jeu se termine quand toutes les paires sont réunies. Une variante de ce jeu consiste à former des paires à partir de gestes (donner la main, une tape sur la tête...) plutôt que de sons.







# 181. Chaud ou froid

*Un jeu riche en émotions, où il faut se risquer à quitter la « maison » pour chercher la craie cachée.*

**Âge** : à partir de 8 ans
**Durée approximative** : 10 minutes
**Nombre de joueurs** : 5 ou plus
**Matériel** : 1 craie

1 Délimitez une zone servant de refuge, « la maison ». Rassemblez-vous à l'intérieur, sauf celui qui a été tiré au sort pour cacher la craie.

2 Quand il annonce qu'elle est cachée, quittez la maison pour la chercher. Celui qui l'a cachée dit « Chaud ! » quand vous vous en approchez ou « Froid ! » quand vous vous en éloignez.

3 Si l'un de vous trouve la craie, il faut qu'il essaie d'en marquer d'un trait le plus grand nombre de joueurs avant qu'ils aient le temps de se réfugier dans la « maison ».

4 Les joueurs marqués sont éliminés et celui qui a trouvé la craie la cache à son tour.

# 182. Le prisonnier de la tour

*Un jeu très calme, où les gardiens, immobiles et les yeux bandés, doivent empêcher les sauveteurs de délivrer le prisonnier.*

**Âge :** à partir de 8 ans
**Durée approximative :** 30 minutes
**Nombre de joueurs :** 10 ou plus
**Matériel :** bandeaux pour la moitié des joueurs, 1 craie ou 1 bâton

1 Formez deux équipes : celle des gardiens et celle des sauveteurs. Tirez au sort parmi les sauveteurs celui qui sera le prisonnier.

2 Tracez sur le sol un cercle où se place le prisonnier. Les gardiens, les yeux bandés, se répartissent tout autour. Ils ne doivent pas être trop proches les uns des autres : il ne faut pas qu'ils puissent se toucher en écartant les bras.

3 Les sauveteurs doivent essayer de franchir la ligne des gardiens pour arriver près du prisonnier et le libérer, c'est-à-dire ressortir de la tour avec lui après l'avoir touché.

4 Les gardiens sont très attentifs au moindre bruit, pour essayer d'attraper les sauveteurs. Ils peuvent bouger les bras et le corps, mais doivent garder les pieds collés au sol.

5 Si un sauveteur est touché alors qu'il essaie de pénétrer dans la tour, il doit reculer. S'il est touché alors qu'il tente de sortir de la tour avec le prisonnier, il prend la place du prisonnier. Un joueur touché trois fois est éliminé.

6 Si tous les sauveteurs sont éliminés, l'équipe des gardiens est déclarée gagnante. En revanche, si un sauveteur libère le prisonnier, c'est son équipe qui gagne.

# 183. La gamelle

*Un jeu de cache-cache où il est possible de sauver tous les joueurs faits prisonniers en trompant la vigilance du gardien.*

**Âge :** à partir de 8 ans
**Durée approximative :** 30 minutes
**Nombre de joueurs :** 5 ou plus
**Matériel :** 1 boîte de conserve vide ou tout autre objet pouvant être projeté en l'air d'un coup de pied, 1 craie ou 1 bâton

1 Commencez par tirer au sort celui qui sera chargé de « coller ». Tracez ensuite sur le sol un cercle au centre duquel vous placez la « gamelle », une boîte de conserve ou tout autre objet assez léger pour être frappé du pied.

2 Celui qui « colle » se place à proximité du cercle en tournant le dos aux autres joueurs. L'un d'eux frappe la gamelle du pied de toutes ses forces pour l'envoyer aussi loin que possible et, pendant que celui qui colle court la chercher, les autres courent se cacher.

3 Le joueur ramasse la gamelle et, rejoignant le cercle à reculons, la remet en place. Il crie alors « gamelle ! » et se met à chercher les autres, en essayant de ne pas trop s'éloigner du cercle.

4 Quand il aperçoit l'un des joueurs cachés, il crie son nom. Le joueur en question est éliminé et doit attendre debout à côté du cercle.

5 Les joueurs qui n'ont pas encore été découverts doivent essayer de tromper la vigilance de celui qui les cherche pour approcher du cercle et frapper à nouveau la gamelle du pied. Si l'un d'eux y parvient, les prisonniers sont libérés et on recommence le jeu.

# 184. Cherchez le siffleur !

*Un jeu de cache-cache et de poursuite à organiser lors de sorties à la campagne.*

**Âge :** à partir de 9 ans
**Durée approximative :** 30 minutes
**Nombre de joueurs :** 5 ou plus
**Matériel :** 1 sifflet

1 Choisissez ou tirez au sort celui d'entre vous qui fera le siffleur.

2 Attendez dans un endroit convenu pendant que le siffleur cherche une cachette.

3 Quand il pense avoir trouvé une bonne cachette, il donne trois coups de sifflet, signal convenu pour le début des recherches.

4 Au bout d'un certain temps, il siffle à nouveau, et cela autant de fois qu'il le juge nécessaire pour vous guider.

5 Pour rendre sa capture plus difficile, le siffleur peut se déplacer quand vous vous approchez de lui et, s'il est découvert, peut essayer de vous échapper en courant.

6 Celui qui attrape le siffleur gagne la partie et devient siffleur à son tour.

3.5

# Jeux de poursuite

Les jeux de poursuite comptent parmi les divertissements préférés des enfants du monde entier. Le «chat» court après un autre joueur, qui, s'il est touché, devient «chat» à son tour. Une excellente occasion de courir à toute vitesse pour ne pas se faire attraper. Poursuite et fuite se succèdent sans relâche. Un terrain plat suffit pour organiser ces jeux de groupe, qui font le bonheur des plus jeunes, mais aussi de leurs aînés.

# 185. Chat

*Le jeu de poursuite le plus simple, sans doute le premier auquel chacun de nous ait joué et le plus répandu dans le monde.*

**Âge :** à partir de 4 ans
**Durée approximative :** 10 minutes
**Nombre de joueurs :** 3 ou plus
**Matériel :** aucun

1 Tirez au sort celui d'entre vous qui fera le «chat», c'est-à-dire qui poursuivra les autres joueurs, les «souris», en essayant de toucher l'un d'entre eux.

2 Dès que le jeu commence, éloignez-vous de lui en courant pour éviter d'être attrapés.

3 Celui qui est touché par le chat devient chat à son tour, tandis que son poursuivant rejoint le groupe des souris, et ainsi de suite.

# 186. Pince-queue

*Une poursuite divertissante, où il s'agit de marcher sur la queue des autres en préservant la sienne.*

**Âge :** à partir de 5 ans
**Durée approximative :** 10 minutes
**Nombre de joueurs :** 4 ou plus
**Matériel :** 1 m de cordelette par joueur

1 Passez chacun votre cordelette dans votre ceinture à la manière d'une queue : elle doit traîner d'environ 20 centimètres sur le sol.

2 Au signal convenu, essayez de marcher sur la queue d'un autre joueur, tout en évitant qu'on marche sur la vôtre.

3 Le joueur qui perd sa queue est éliminé et se retire du jeu.

4 Le dernier à conserver sa queue attachée gagne la partie.

# 187. Chat blessé

*Un jeu de poursuite, où les joueurs touchés n'ont plus la même liberté de mouvement.*

**Âge :** à partir de 5 ans
**Durée approximative :** 10 minutes
**Nombre de joueurs :** 3 ou plus
**Matériel :** aucun

1 Tirez au sort le joueur qui sera le chat et demandez-lui de compter jusqu'à 10 pour vous donner le temps de vous éloigner.

2 Quand il a fini de compter, le chat se lance à la poursuite de l'un d'entre vous et essaie de l'attraper pour qu'il prenne sa place.

3 Le joueur touché devient chat, mais doit alors se déplacer en gardant une main à l'endroit où il a été touché, donc « blessé ».

4 Le chat blessé est délivré de sa blessure lorsqu'il a touché à son tour un autre joueur. L'habileté du chat sera de toucher un autre joueur à un endroit qui l'empêchera de se déplacer rapidement.

# 188. Chat perché

*Les joueurs peuvent se protéger du chat en se perchant, mais celui-ci peut aussi les obliger à quitter leur refuge.*

**Âge** : à partir de 5 ans
**Durée approximative** : 10 minutes
**Nombre de joueurs** : 5 ou plus
**Matériel** : aucun

1 Tirez au sort celui qui sera le chat. Au signal de départ, dispersez-vous en courant pour éviter qu'il ne vous attrape.

2 Tout joueur poursuivi peut échapper au chat en se réfugiant sur une pierre, un muret... ou tout autre objet situé au-dessus du niveau du sol. Le chat ne peut alors le toucher.

3 Si vous êtes tous perchés, le chat peut crier «chat perché!», et vous obliger ainsi à changer de refuge.

4 Celui qui est touché par le chat devient chat à son tour, et ainsi de suite.

# 189. Les couleurs

*Un jeu de poursuite où les joueurs doivent se précipiter pour toucher un objet de la couleur indiquée avant d'être attrapés par le chat.*

**Âge** : à partir de 5 ans
**Durée approximative** : 10 minutes
**Nombre de joueurs** : 6 ou plus
**Matériel** : aucun

1 Tirez au sort le joueur qui sera le chat et demandez-lui de compter jusqu'à un chiffre convenu.

2 Cela fait, il dit à voix haute «Couleur... verte!», par exemple, et essaie aussitôt d'attraper l'un d'entre vous avant qu'il arrive à toucher quelque chose de la couleur demandée.

3 Les joueurs qui arrivent à toucher la bonne couleur ne peuvent être attrapés tant qu'ils la touchent de la main.

4 Celui qui est attrapé avant d'avoir pu toucher la couleur demandée «colle» à son tour et propose une autre couleur. Si personne n'est attrapé, le même joueur «colle» à nouveau.

## 190. Suivez le guide !

*Il s'agit ici d'emboîter le pas à l'un des joueurs, non pas pour le poursuivre, mais pour imiter le moindre de ses gestes.*

**Âge** : à partir de 5 ans
**Durée approximative** : 10 minutes
**Nombre de joueurs** : 3 ou plus
**Matériel** : aucun

1 Tirez au sort celui des joueurs qui fera la mère cane et placez-vous en file indienne derrière lui.

2 Dès que la mère cane se met à avancer, efforcez-vous d'imiter ses gestes et de suivre exactement le même parcours.

3 La mère cane peut sauter à pieds joints, à cloche-pied, courir, s'accroupir... et suivre un itinéraire très tortueux pour dérouter ceux qui la suivent.

4 Au bout d'un moment, elle cède sa place au joueur qui se trouve juste derrière elle et va se placer en queue de file et ainsi de suite, jusqu'à ce que chacun ait pris la place de la mère cane.

## 191. La chasse à l'ombre

*Un jeu pour les jours de grand soleil, qui amuse toujours les plus jeunes.*

**Âge** : à partir de 5 ans
**Durée approximative** : 10 minutes
**Nombre de joueurs** : 6 ou plus
**Matériel** : aucun

1 Tirez au sort le joueur qui sera le chat et devra vous prendre en chasse en ne cherchant qu'à marcher sur votre ombre.

2 Au signal de départ, courez et sautez pour ne pas être piégés par le chat.

3 Si le chat arrive à marcher sur l'ombre d'un joueur, celui-ci devient chat à son tour.

# 192. L'araignée

*Un jeu de course où il faut être rapide et agile pour ne pas être pris dans la toile de l'araignée.*

**Âge** : à partir de 5 ans
**Durée approximative** : 10 minutes
**Nombre de joueurs** : 7 ou plus
**Matériel** : 1 craie

1 Tirez au sort celui d'entre vous qui fera l'araignée, puis tracez une ligne partageant l'aire de jeu en deux camps. Demandez à l'araignée de se placer sur cette ligne, bras en croix.

2 Placez-vous tous d'un côté de la ligne. Quand l'araignée crie : «Passez!», franchissez la ligne en courant pour rejoindre l'autre camp en évitant d'être touchés par l'araignée.

3 L'araignée a le droit de se déplacer le long de la ligne pour essayer de toucher le plus grand nombre possible de joueurs.

4 Les joueurs qui sont attrapés se transforment eux-mêmes en araignées et se donnent la main pour former une toile.

5 Les joueurs encore libres continuent à franchir la ligne dans un sens et dans l'autre, jusqu'à ce que tous aient été pris dans la toile de l'araignée.

# 193. Les chats et les souris

*Un jeu original où les souris se mettent parfois à courir après les chats.*

**Âge** : à partir de 5 ans
**Durée approximative** : 30 minutes
**Nombre de joueurs** : 11 ou plus
**Matériel** : aucun

1 Tirez au sort celui qui sera le meneur de jeu ou choisissez le joueur le plus âgé. Répartissez-vous en deux équipes, celle des chats et celle des souris.

2 Délimitez une «maison» qui servira de refuge aux deux équipes.

3 Formez un cercle à une distance suffisante de la maison, chats et souris intercalés.

4 Au signal du meneur, mettez-vous à tourner. Le meneur dit «Chats, souris, chats, souris... » en ajoutant par surprise «chassent» ou «fuient».

5 S'il dit : «Souris... chassent», les souris doivent attraper les chats avant qu'ils trouvent refuge dans la maison. S'il dit «Souris... fuient» ou «Chats... fuient», les joueurs concernés doivent rejoindre la maison en courant sans se faire attraper. Ceux qui sont attrapés changent d'équipe.

6 Le jeu se termine quand il ne reste plus de joueurs dans l'une des deux équipes.

# 194. Le boa

*Dans ce jeu qui amuse les plus jeunes, un grand serpent se lance à la poursuite des joueurs...*

**Âge** : à partir de 5 ans
**Durée approximative** : 10 minutes
**Nombre de joueurs** : 5 ou plus
**Matériel** : aucun

1 Tirez au sort le joueur qui fera la tête du boa et choisissez un recoin ou une embrasure de porte qui servira de maison au serpent.

2 La tête du boa quitte la maison pour attraper l'un des joueurs. Quand elle arrive à en toucher un, ils reviennent tous deux à la maison, puis se donnent la main pour se lancer à la poursuite d'autres joueurs.

3 Les joueurs attrapés regagnent la maison avec le serpent, puis s'accrochent aux autres pour former un serpent plus long, avant de ressortir de la maison pour attraper d'autres joueurs. Si, au cours d'une poursuite, le serpent se défait, les joueurs qui en font partie doivent revenir en courant à la maison pour le reformer avant de repartir.

4 Le jeu se termine quand il ne reste plus aucun joueur à pourchasser, le serpent rassemblant la totalité des joueurs.

# 195. Le loup-garou

*Le loup-garou attend, caché, que les autres joueurs soient à sa portée pour les attraper.*

**Âge** : à partir de 5 ans
**Durée approximative** : 10 minutes
**Nombre de joueurs** : 5 ou plus
**Matériel** : aucun

1 Désignez par tirage au sort le joueur qui sera le loup-garou. Placez-vous ensuite face à un mur, les mains devant les yeux, pendant qu'il se cache et comptez jusqu'à un chiffre déterminé.

2 Quand vous avez terminé, promenez-vous tranquillement sur le terrain de jeu, jusqu'à ce que vous entendiez le loup-garou crier, de sa cachette : «Qui a peur du loup-garou?»

3 À cet instant précis, immobilisez-vous et répondez en chœur : «Personne!» Dès qu'il entend ce mot, le loup-garou sort de sa cachette en criant «Alors, j'arrive!» d'une grosse voix menaçante. Vous devez attendre qu'il ait fini de prononcer ces dernières paroles pour vous mettre à courir.

4 Ceux qui sont attrapés par le loup-garou se transforment à leur tour en loups-garous. Le jeu se termine quand tous les joueurs sont devenus loups-garous.

# 196. Les gendarmes et les voleurs

*Un jeu de poursuite par équipes, grand classique des cours de récréation.*

**Âge :** à partir de 6 ans
**Durée approximative :** 30 minutes
**Nombre de joueurs :** 8 ou plus
**Matériel :** 1 craie ou 1 bâton

1 Formez deux camps de force égale : gendarmes et voleurs. À une extrémité du terrain, tracez un trait pour délimiter la prison.

2 Les gendarmes se regroupent près de la prison. Ils laissent aux voleurs le temps de se disperser, puis s'élancent à leur poursuite.

3 Le premier voleur pris peut se tenir à l'extérieur de la prison, à condition de garder un pied sur la ligne qui la délimite. Il tend le bras pour permettre à un voleur de le délivrer en lui touchant la main.

4 S'ils sont plusieurs, ils forment une chaîne qui peut avancer loin hors de la prison, pourvu que le premier joueur pris s'y trouve encore. La chaîne peut être délivrée tout entière si le dernier joueur pris est touché par un de ses compagnons.

5 Quand tous les voleurs sont attrapés, recommencez une partie en inversant les rôles.



# 197. Le serpent venimeux

*Plus le jeu avance, plus il devient difficile d'échapper au serpent...*

**Âge :** à partir de 6 ans
**Durée approximative :** 10 minutes
**Nombre de joueurs :** 5 ou plus
**Matériel :** aucun

1 Tirez au sort celui d'entre vous qui sera le serpent et devra attraper les autres.

2 Le serpent se lance à la poursuite des joueurs. Quand il en touche un, celui-ci doit garder la main posée là où il a été touché. Si c'est à la cheville ou au genou, il continue à jouer en position accroupie.

3 Quand un joueur est touché trois fois, il devient aussi serpent et poursuit les autres. Un même joueur ne peut cependant pas être touché trois fois de suite.

4 Le gagnant est le dernier joueur à se transformer en serpent.

# 198. Chat double

*Les joueurs attrapés se groupent par deux pour poursuivre les joueurs encore libres.*

**Âge** : à partir de 7 ans
**Durée approximative** : 30 minutes
**Nombre de joueurs** : 8 ou plus
**Matériel** : aucun

1 Le premier «chat», désigné par tirage au sort, se met à courir derrière les autres joueurs. Quand il en attrape un, ils se donnent la main pour poursuivre la chasse ensemble.

2 Ils doivent attendre d'avoir attrapé deux joueurs de plus pour pouvoir se séparer en deux paires.

3 Chaque paire de joueurs peut alors chasser de son côté, ou deux paires peuvent poursuivre ensemble la même victime.

4 Si deux paires de chats attrapent chacune un joueur de plus, elles peuvent décider de les libérer pour qu'ils forment une nouvelle paire de chats.

5 Le jeu se termine quand il ne reste plus de joueur à attraper.

# 199. Chat stop

*Celui qui s'immobilise à temps devient intouchable, mais doit être délivré pour pouvoir repartir.*

**Âge** : à partir de 7 ans
**Durée approximative** : 10 minutes
**Nombre de joueurs** : 7 ou plus
**Matériel** : aucun

1 Le tirage au sort désigne le joueur qui sera le «chat». Les autres doivent le fuir en courant.

2 Un joueur sur le point d'être touché peut crier «Stop!» et s'immobiliser jambes écartées et bras en croix. Un joueur arrêté ne peut être touché, mais ne peut plus bouger tant qu'un autre joueur ne l'a pas libéré.

3 Pour libérer un joueur en position d'arrêt, il faut passer entre ses jambes. Un joueur ne peut être touché alors qu'il est en train de passer entre les jambes d'un autre joueur.

4 Si le chasseur arrive à toucher un joueur avant qu'il s'immobilise, le joueur touché prend sa place. Si tous les joueurs sont à l'arrêt et qu'il n'y a personne pour les libérer, le dernier à s'être immobilisé devient chat à son tour.

# 200. Chat coupé

*Un jeu très animé, où les souris peuvent choisir d'être poursuivies par le chat quand elles le désirent.*

**Âge** : à partir de 7 ans
**Durée approximative** : 10 minutes
**Nombre de joueurs** : 6 ou plus
**Matériel** : aucun

1 Le joueur tiré au sort pour faire le «chat» provoque un adversaire de son choix, en disant : «Je vais attraper... Arthur», par exemple. Il lui laisse quelques pas d'avance et le poursuit. On considère alors qu'un fil imaginaire relie les deux joueurs.

2 Les autres joueurs peuvent à tout moment couper le fil en passant entre eux deux. Si un joueur parvient à passer entre le chat et sa victime, c'est lui que le chat doit alors poursuivre, jusqu'à ce qu'un autre joueur vienne couper le fil imaginaire qui les relie.

3 Si aucun joueur ne coupe volontairement le fil, le joueur qui est poursuivi peut manœuvrer pour qu'un joueur passe involontairement entre lui et son poursuivant.

4 Tout joueur pris devient chat à son tour et annonce la personne qu'il a l'intention de poursuivre avant de se mettre à courir.







# 201. La queue du serpent

*Ce jeu réclame une bonne coordination entre les membres d'une même équipe.*

**Âge** : à partir de 7 ans
**Durée approximative** : 10 minutes
**Nombre de joueurs** : 8 ou plus
**Matériel** : aucun

1 Formez deux serpents d'au moins quatre joueurs chacun. Pour cela, mettez-vous en file indienne, en vous tenant par la taille, et suivez les mouvements du chef de file.

2 Les deux serpents se placent face à face, à une certaine distance l'un de l'autre.

3 Au signal convenu, chacun d'eux se met en mouvement en cherchant à mordre la queue de l'autre : chaque chef de file doit essayer de toucher le dernier joueur du serpent adverse.

4 Le gagnant est le premier des serpents à y parvenir. Plus les serpents sont longs, plus la manœuvre est difficile. Si l'un d'eux se désarticule, ses membres doivent aussitôt se remettre en fil indienne. Si vous êtes plus nombreux, vous pouvez former plus de deux serpents.

# 202. La main frappée

*Ce jeu de poursuite par équipes est une version simplifiée du « jeu de barres », auquel, dit-on, Napoléon aimait beaucoup jouer.*

**Âge** : à partir de 7 ans
**Durée approximative** : 30 minutes
**Nombre de joueurs** : 8 ou plus
**Matériel** : 1 craie ou 1 bâton

1 Tracez sur le sol un camp rectangulaire deux fois moins large que long, d'au moins 10 mètres de long.

2 Formez deux équipes de force équivalente, chacune se plaçant derrière la ligne de fond de son camp.

3 Le joueur tiré au sort pour engager le jeu s'avance vers les joueurs adverses, alignés mains tendues, paumes tournées vers le haut.

4 Il passe alors sa main au-dessus des mains tendues autant de fois qu'il le souhaite, jusqu'à ce que, par surprise, il provoque l'un des joueurs en lui frappant la main.

5 Il s'enfuit aussitôt vers son camp, poursuivi par le joueur défié.

6 Celui-ci doit essayer de le toucher avant qu'il franchisse la ligne de son camp.

7 S'il parvient à l'attraper, le joueur pris rejoint l'équipe du poursuivant.

8 Le poursuivant frappe à son tour la paume de l'un des joueurs de l'équipe adverse.

9 Si, au cours de la poursuite, le poursuivant ne peut s'arrêter à temps dans sa lancée et franchit la ligne de l'équipe adverse, il intègre cette équipe.

10 Le jeu se termine quand une équipe est entièrement absorbée par l'autre.

# 203. Chat baissé

*Pour échapper au chat, un joueur peut s'accroupir, mais un autre joueur doit alors sauter par-dessus lui pour le libérer.*

**Âge :** à partir de 7 ans
**Durée approximative :** 10 minutes
**Nombre de joueurs :** 6 ou plus
**Matériel :** aucun

1 Le joueur chargé de poursuive les autres est désigné par tirage au sort.

2 Tous les participants se mettent à courir. Quand un joueur est sur le point d'être attrapé, il s'immobilise en position accroupie et son poursuivant ne peut alors le toucher.

3 Le joueur accroupi doit rester sur place en arrondissant le dos. Pour pouvoir se relever, il doit attendre qu'un autre joueur pose ses mains sur son dos et saute par-dessus lui, jambes écartées.

4 Si le poursuivant touche un joueur avant qu'il ait eu le temps de s'accroupir, ce joueur le remplace.

# 204. L'épervier

*Dans ce jeu très apprécié des enfants, il faut traverser le terrain à toute allure sans se faire prendre par l'épervier ou ses acolytes.*

**Âge :** à partir de 8 ans
**Durée approximative :** 10 minutes
**Nombre de joueurs :** 7 ou plus
**Matériel :** 1 craie ou 1 bâton

1 Tracez sur le sol un terrain de jeu rectangulaire partagé en deux camps par une ligne médiane. Tirez au sort celui qui fera l'épervier. Il se place sur la ligne du milieu.

2 Au cri « À l'épervier ! », les joueurs doivent courir sans sortir des limites du terrain pour changer de camp.

3 L'épervier cherche à les toucher. Il ne peut se déplacer que sur la ligne médiane. Au fur et à mesure qu'ils sont pris, les joueurs forment une chaîne avec l'épervier, mais seul l'épervier et celui qui se trouve au bout de la chaîne ont droit de prise.

4 Le gagnant est le seul joueur à ne pas avoir été capturé.

# 205. La mission commandée

*Ce jeu s'organise sur un terrain plat où les participants peuvent courir aisément et tracer des lignes à la craie sur le sol.*

**Âge** : à partir de 8 ans
**Durée approximative** : 10 minutes
**Nombre de joueurs** : 16 ou plus
**Matériel** : 1 craie

1 Divisez le terrain de jeu en deux camps en traçant une ligne médiane avec un cercle en son centre. Dessinez aussi un refuge et une prison dans les angles opposés de chacun des deux camps.

2 Les joueurs se divisent en deux équipes. Chaque équipe choisit son capitaine et se place à l'intérieur de son refuge.

3 Le capitaine de l'équipe tirée au sort pour engager le jeu nomme l'un de ses joueurs, qui rejoint aussitôt le cercle central et crie : « Prêt ! » Le capitaine de l'autre équipe nomme alors un joueur chargé de le poursuivre. Dès que ce joueur sort de son refuge, le premier capitaine cite le nom du joueur chargé de le poursuivre, et ainsi de suite.

4 Tout joueur capturé est mis en prison. Pour en sortir, il doit être touché par un joueur de son équipe. Les joueurs ne peuvent être pris à l'intérieur du refuge.

5 Le jeu se termine quand une équipe est entièrement capturée, la victoire revenant à l'équipe adverse.

# 206. Ballon chasseur, ballon chassé

*Il est difficile de savoir dans ce jeu qui est chasseur et qui est chassé, car une simple passe de ballon suffit à inverser les rôles.*

**Âge** : à partir de 9 ans
**Durée approximative** : 30 minutes
**Nombre de joueurs** : 8 ou plus
**Matériel** : 2 petits ballons de couleurs différentes

1 Formez deux équipes de force égale, chacune munie d'un ballon, puis tirez au sort celle qui poursuivra l'autre.

2 L'équipe des poursuivants essaie de toucher avec son ballon le porteur de ballon de l'équipe adverse, pour inverser les rôles.

3 À tout moment, le porteur de ballon de l'équipe pourchassée peut le passer à l'un des joueurs de son équipe pour éviter d'être pris.

4 Les poursuivants se passent aussi le ballon entre eux pour essayer de toucher le porteur de ballon de l'équipe adverse.

5 Comme il n'y a pas de gagnant dans ce jeu, la partie se termine quand les joueurs en ont assez de courir.

# 207. Les sous-marins

*Un jeu de poursuite par équipes se pratiquant de préférence sur terrain plat.*

**Âge :** à partir de 9 ans
**Durée approximative :** 10 minutes
**Nombre de joueurs :** 8 ou plus
**Matériel :** 1 craie ou un bâton, autant de bandeaux que de joueurs, moins 2

1 Les joueurs tracent au sol deux lignes espacées d'environ 10 mètres. Ils se divisent en deux équipes qui se placent, en file indienne, derrière ces deux lignes, l'une en face de l'autre.

2 Tous les joueurs se bandent alors les yeux, sauf le dernier de la file, le «pilote». Celui-ci, qui est le seul à voir, est chargé de diriger le sous-marin formé par son équipe.

3 Les instructions pour diriger le sous-marin sont données sous forme de code consistant en une série de tapes sur les épaules : une tape sur les deux épaules à la fois indique que le sous-marin doit se mettre en route. Une tape sur l'épaule gauche, qu'il faut tourner à gauche ; une tape sur l'épaule droite, qu'il faut tourner à droite. Deux tapes consécutives sur les deux épaules à la fois signifient qu'il faut lancer des torpilles. En ce cas, le premier de la file quitte le sous-marin et se dirige tout droit, bras tendus, vers l'autre sous-marin, jusqu'à ce qu'il le touche ou qu'il atteigne la limite du camp.

4 Quand le pilote donne une tape sur les épaules du joueur qui le précède, ce dernier doit la transmettre rapidement au joueur suivant, et ainsi de suite jusqu'au premier, qui exécute l'action ordonnée.

5 Pour gagner, il faut «torpiller» le sous-marin de l'équipe adverse ou pénétrer dans son camp.

3.6



# Jeux de rapidité et de réflexes

Le mouvement est la caractéristique principale des jeux présentés ci-après, qui sont tous d'excellents moyens de dépenser de l'énergie : jeux de ballon, sauts en tout genre, courses... Ils se pratiquent en groupe et en plein air, partout où l'on peut trouver un terrain plat : dans une cour de récréation, un parc, ou lors d'une sortie dans la nature, par exemple.

# 208. Le lion en cage

*Celui qui provoque le lion court le risque de se retrouver dans sa cage… Un jeu très divertissant pour les plus jeunes*

**Âge** : à partir de 5 ans
**Durée approximative** : 10 minutes
**Nombre de joueurs** : 5 ou plus
**Matériel** : 1 craie ou 1 bâton

1 Tracez sur le sol deux cercles concentriques, respectivement de 4 et 6 mètres de diamètre.

2 Tirez au sort celui qui fera le lion et se placera dans le cercle du milieu, qui représente la cage. Répartissez-vous ensuite dans l'espace compris entre les deux cercles.

3 Essayer de provoquer le lion, qui, de son côté, doit chercher à vous attraper et vous attirer dans sa cage.

4 Les joueurs capturés se transforment à leur tour en lions. Le jeu se termine quand tous les joueurs ont été mis en cage.

# 209. La maison brûle !

*Un jeu idéal pour les petites cours, où il faut être très rapide pour conserver sa maison.*

**Âge** : à partir de 5 ans
**Durée approximative** : 10 minutes
**Nombre de joueurs** : 5 ou plus
**Matériel** : aucun

1 Tirez au sort celui qui engagera le jeu, puis choisissez chacun un endroit (recoin, embrasure de porte…) qui sera votre « maison ».

2 Placez-vous chacun dans votre maison, à l'exception du joueur tiré au sort, qui reste au centre.

3 Quand il crie « La maison brûle ! », vous devez tous changer de maison et le joueur du centre doit en profiter pour trouver un toit.

4 Celui qui se retrouve sans maison se place à son tour au centre en criant : « La maison brûle ! », et ainsi de suite.

# 210. 1, 2, 3, soleil !

*Dans ce jeu, très apprécié des enfants, il faut avoir de bons réflexes et une parfaite maîtrise de soi pour s'immobiliser au moment voulu.*

Âge : à partir de 5 ans
Durée approximative : 10 minutes
Nombre de joueurs : 4 ou plus
Matériel : 1 craie ou 1 bâton

1 Tirez au sort un meneur de jeu et demandez-lui de se placer face à un mur. Placez-vous tous derrière une ligne de départ tracée au sol, à environ 10 mètres du mur.

2 Le meneur de jeu tape trois fois sur le mur au rythme de son choix, en disant « 1, 2, 3, soleil ! », et se retourne brusquement.

3 Vous pouvez avancer pendant qu'il a le dos tourné, mais devez vous immobiliser instantanément quand il se retourne.

4 Le meneur de jeu désigne les joueurs qu'il a vus bouger, qu'ils aient continué à avancer lorsqu'il s'est retourné ou qu'ils aient fait un mouvement, même léger, après s'être arrêtés. Ils doivent retourner à la ligne de départ.

5 Le jeu se poursuit jusqu'à ce que l'un des joueurs arrive à toucher le mur pendant que le meneur est en train de compter. Tous les joueurs s'élancent alors en courant vers la ligne de départ. Celui qui est attrapé par le meneur avant d'arriver à la ligne prend sa place.

# 211. La grande corde à sauter

*Ce jeu demande beaucoup d'adresse et une bonne coordination entre les joueurs.*

**Âge :** à partir de 7 ans
**Durée approximative :** 10 minutes
**Nombre de joueurs :** 5 ou plus
**Matériel :** 1 corde d'environ 5 m

1 Deux joueurs, tirés au sort, sont chargés de faire tourner la corde. Les autres se placent en file sur le côté.

2 Ceux qui font tourner la corde chantent en rythme : « Dans le peloton entre le numéro 1, entre le numéro 2... », et ainsi de suite.

3 À chaque chiffre cité, un joueur entre dans la corde et saute avec les autres, jusqu'à ce que tous soient à l'intérieur.

4 Quand tous les joueurs sont en train de sauter, ils changent de refrain : « Du peloton sort le numéro 1... », et les joueurs sortent tour à tour du côté opposé.

5 Celui qui manque un saut remplace l'un des joueurs qui fait tourner la corde.

# 212. Ballon prisonnier

*Un jeu de ballon par équipes animé et passionnant, où il faut être vif et rapide pour éviter la prison.*

**Âge :** à partir de 7 ans
**Durée approximative :** 30 minutes
**Nombre de joueurs :** 10 ou plus
**Matériel :** 1 craie, 1 ballon

1 Tracez sur le sol un rectangle deux fois plus long que large (5 × 10 mètres, par exemple), partagé par une ligne centrale. À l'arrière de chaque camp, dessinez un autre rectangle de 2 × 10 mètres, qui sera la prison du camp adverse.

2 Formez deux équipes et placez-vous dans vos camps respectifs. Chaque équipe envoie un prisonnier « volontaire » derrière l'équipe adverse. Il regagnera son camp dès qu'un joueur de son équipe aura été fait prisonnier.

3 Pour engager la partie, un joueur de chaque camp se place au centre du terrain, de part et d'autre de la ligne. Le ballon est lancé en l'air entre les deux joueurs. Celui qui parvient à le renvoyer dans son camp assure le premier tir à son équipe. Le joueur qui récupère le ballon après cet engagement tire sur un des joueurs de l'équipe adverse.

4 Un joueur est prisonnier si le ballon rebondit dans son camp après l'avoir touché. Il n'est pas considéré comme prisonnier si le ballon rebondit avant de le toucher ou rebondit à l'extérieur du camp après l'avoir touché ou, bien sûr, s'il le bloque. Il peut alors viser aussitôt un adversaire. Tout prisonnier va se placer à l'arrière du camp adverse.

5 Un prisonnier peut récupérer un ballon de volée ou le ramasser dans sa prison, soit qu'il échappe à l'équipe adverse, soit qu'il lui soit lancé par un membre de son équipe. Il ne peut se délivrer qu'en touchant un adversaire qui sera prisonnier à son tour. Si le ballon touche deux joueurs avant de tomber, tous les deux sont prisonniers, mais si le second bloque le ballon, ils sont libres.

6 Les joueurs ne doivent pas sortir des limites de leur camp. Il y a faute quand le ballon est envoyé hors des limites du terrain ou quand un joueur franchit par mégarde la ligne centrale ou la ligne de fond. Le ballon est alors remis à l'un des membres du camp adverse. Le jeu se termine quand tous les joueurs d'une équipe sont prisonniers.

# 213. Saute-mouton

*Voici un jeu qui exige de la part des participants une certaine agilité… mais quelle partie de plaisir !*

**Âge :** à partir de 7 ans
**Durée approximative :** 10 minutes
**Nombre de joueurs :** 3 ou plus
**Matériel :** aucun

1 Le premier « mouton » se place dos courbé, en dissimulant sa tête le plus possible.

2 Les autres se rangent en file pour sauter chacun à leur tour au-dessus de lui.

3 Ils sautent en prenant appui des deux mains sur son dos et en écartant les jambes, qui ne doivent pas le toucher.

4 Après avoir sauté, chacun se place à son tour en position de mouton quelques mètres plus loin.

5 Lorsque tous ses compagnons ont sauté, le premier mouton saute à son tour sur tous les autres.







# 214. Le passe-ballon

*Une course amusante où il faut être rapide et ne pas laisser tomber le ballon pour gagner.*

**Âge :** à partir de 7 ans
**Durée approximative :** 10 minutes
**Nombre de joueurs :** 8 ou plus
**Matériel :** 2 ballons

1 Répartissez-vous en deux équipes et formez une file par équipe.

2 Au signal de départ, le premier joueur de chaque file passe le ballon des deux mains vers l'arrière, par-dessus sa tête, au deuxième de la file.

3 Celui-ci prend le ballon et le passe entre ses jambes au troisième, qui le passe au quatrième comme l'a fait le premier joueur, et ainsi de suite jusqu'au dernier de la file.

4 Quand le dernier de la file reçoit le ballon, il court en dribblant pour aller se placer en tête de file et répète la première passe.

5 La course se termine dès que l'un des premiers chefs de file revient en tête. C'est son équipe qui gagne.

# 215. Le mouchoir

*Ce jeu est une variante du «béret», très prisé des scouts. À l'appel de son numéro, il faut prendre le mouchoir et le ramener dans son camp sans se faire toucher.*

**Âge :** à partir de 7 ans
**Durée approximative :** 30 minutes
**Nombre de joueurs :** 9 ou plus
**Matériel :** 1 craie ou 1 bâton, 1 mouchoir

1 Tirez au sort celui qui sera le meneur de jeu, puis répartissez-vous en deux équipes. Numérotez-vous dans chaque équipe de 1 à 4, ou plus, selon le nombre de joueurs que renferme chaque équipe.

2 Tracez sur le sol trois lignes parallèles espacées d'environ 6 mètres. Le meneur de jeu, tenant un mouchoir à bout de bras, se place à l'extrémité de la ligne centrale. Chaque équipe se place derrière sa ligne de départ.

3 Le meneur de jeu appelle alors deux joueurs, en disant, par exemple : «Les numéros...1! » Les joueurs de chaque équipe portant ce numéro s'élancent aussitôt. Le but est de s'emparer du mouchoir et de rejoindre son camp sans être touché par le joueur adverse.

4 Si un joueur réussit à franchir avec le mouchoir la ligne derrière laquelle se tient son équipe, son poursuivant est éliminé et va se placer à côté du meneur de jeu. En revanche, s'il est touché avant d'avoir pu franchir la ligne, c'est lui qui est éliminé.

5 Aucun joueur ne peut franchir la ligne centrale tant que son adversaire n'a pas pris le mouchoir. Si un joueur fait une feinte et que son adversaire tombe dans le piège et franchit la ligne, ce dernier est éliminé.

6 Quand un joueur est éliminé, un autre membre de l'équipe à laquelle il appartient récupère son numéro et l'ajoute au sien ou à ceux qu'il a déjà récupérés par élimination de ses coéquipiers.

7 Le joueur qui est arrivé à s'emparer du mouchoir peut libérer ses compagnons éliminés en les touchant de la main lors de sa course vers son camp. Mais si l'un d'eux est touché par le poursuivant alors qu'il court vers son camp, il est à nouveau éliminé.

8 Le meneur de jeu continue à annoncer des numéros jusqu'à ce que tous les joueurs d'une équipe soient éliminés.

# 216. Les îles aux requins

*Les requins rôdent autour des îles et les naufragés doivent s'y réfugier rapidement s'ils ne veulent pas se faire dévorer.*

**Âge** : à partir de 8 ans
**Durée approximative** : 30 minutes
**Nombre de joueurs** : 8 ou plus
**Matériel** : 1 craie, 1 ballon

1 Formez deux équipes, celle des requins et celle des naufragés, puis tracez sur le sol deux cercles représentant les îles. Ces cercles doivent faire environ 3 mètres de diamètre et être distants l'un de l'autre d'au moins 15 mètres.

2 Les naufragés prennent le ballon et se placent sur l'une des îles ; les requins se dispersent sur l'aire de jeu.

3 Un naufragé lance le ballon le plus loin possible, puis quitte l'île où il se trouve pour se réfugier aussi vite que possible dans l'autre île.

4 Pendant ce temps, les requins courent récupérer le ballon et tentent de toucher le naufragé pour l'éliminer avant qu'il soit à l'abri.

5 Quand la première île est déserte, comptez les naufragés réfugiés sur l'autre île, puis inversez les rôles. L'équipe gagnante est celle qui totalise le plus grand nombre de points.

# 217. La balle au vol

*Il faut éviter que l'équipe adverse ne s'empare du ballon, mais celui qui l'attrape doit rester immobile tant qu'il l'a entre les mains.*

**Âge** : à partir de 8 ans
**Durée approximative** : 30 minutes
**Nombre de joueurs** : 8 ou plus
**Matériel** : 1 ballon

1 Formez deux équipes et tirez au sort celle qui engagera la partie.

2 Les joueurs qui commencent se passent le ballon les uns les autres, tandis que les joueurs de l'équipe adverse essaient de le saisir au vol au cours des échanges.

3 Tous les joueurs courent sur l'aire de jeu pour se passer le ballon ou essayer de l'intercepter, mais lorsqu'un joueur attrape le ballon, il doit s'immobiliser et ne peut se remettre à courir qu'après l'avoir relancé.

4 Le jeu se termine quand les participants en ont assez de courir.

# 218. La balle empoisonnée

*Un jeu rapide où, pour ne pas être touché, il faut surveiller de près le passage du ballon entre les mains des joueurs et faire preuve d'une grande adresse.*

**Âge** : à partir de 8 ans
**Durée approximative** : 30 minutes
**Nombre de joueurs** : 5 ou plus
**Matériel** : 1 ballon

1 Tirez au sort celui qui engagera la partie, puis placez-vous tous autour de lui, en le touchant de la main.

2 Il lance alors le ballon au-dessus de lui en criant le nom d'un autre joueur.

3 Tout le monde s'enfuit aussitôt, sauf le joueur désigné, qui doit essayer de récupérer le ballon avant qu'il touche terre.

4 S'il y parvient, il le relance aussitôt en l'air en criant un autre nom. Si le ballon rebondit avant que le joueur désigné ait eu le temps de le rattraper, il crie « Stop ! », et chacun s'immobilise.

5 Il peut alors faire trois pas dans une direction, avant d'essayer de toucher le joueur le plus proche. Le joueur visé peut se baisser ou se pencher pour éviter le ballon, à condition de ne pas bouger les pieds.

6 Si le ballon rebondit au sol après l'avoir touché, il est considéré comme « blessé léger » et lance le ballon en l'air à son tour. Si un joueur manque son tir ou si le joueur visé réussit à attraper le ballon, c'est à lui de lancer à nouveau le ballon en l'air.

7 Un joueur touché pour la deuxième fois est un « blessé grave ». La troisième fois, il est considéré comme « mort » et doit se retirer du jeu.

# 219. Les prisonniers

*Courir à toutes jambes pour libérer les prisonniers de son équipe constitue une bonne dépense d'énergie, idéale à l'heure de la récréation.*

**Âge** : à partir de 8 ans
**Durée approximative** : 30 minutes
**Nombre de joueurs** : 10 ou plus
**Matériel** : 1 craie ou 1 bâton

1 Formez deux équipes, puis tracez sur le sol une surface de jeu rectangulaire comme le montre l'illustration : les deux zones centrales représentent les camps, celles situées à chaque extrémité, les prisons.

2 Chaque équipe se place dans son camp et envoie un joueur dans la prison du camp adverse pour que le jeu puisse commencer.

3 Le but est de traverser le camp adverse à toute allure pour aller délivrer les prisonniers de son équipe en évitant de se faire toucher par les joueurs de l'équipe adverse. Ceux qui y parviennent regagnent leur camp accompagnés d'un prisonnier délivré. S'ils sont touchés, ils se rendent en prison.

4 Le jeu se termine quand une équipe entière se retrouve en prison.

# 220. Le record de passes

*Un jeu d'une grande simplicité mais si divertissant que seul l'épuisement y met fin.*

**Âge** : à partir de 9 ans
**Durée approximative** : 30 minutes
**Nombre de joueurs** : 8 ou plus
**Matériel** : 1 ballon

1 Formez deux équipes. Puis tirez au sort celle qui engagera le jeu.

2 Les joueurs de cette équipe se mettent à courir en se lançant le ballon et en comptant à voix haute le nombre de passes effectuées.

3 Pendant ces échanges, l'équipe adverse essaie d'intercepter le ballon ou, du moins, de le toucher. Si elle y parvient, c'est à son tour de se faire des passes comptées à haute voix. L'autre équipe essaie, à son tour, d'intercepter le ballon.

4 Si le ballon tombe à terre, puis est attrapé par un joueur de l'équipe adverse ou repris par le joueur qui l'a lancé, il faut recommencer à compter à partir de zéro.

5 L'équipe qui réussit à enchaîner le plus grand nombre de passes gagne la partie.

# 221. Les cavaliers

*Marquer à la craie un autre chevalier en évitant de subir le même sort, une vraie prouesse !*

**Âge** : à partir de 9 ans
**Durée approximative** : 10 minutes
**Nombre de joueurs** : 8 ou plus (en nombre pair)
**Matériel** : craies pour la moitié des joueurs

1 Formez des paires, l'un servant de monture à l'autre, installé à califourchon sur son dos.

2 Chaque cavalier est muni d'une craie avec laquelle il doit essayer de marquer le postérieur d'un autre cavalier.

3 Lorsqu'un cavalier est marqué de trois traits, les rôles sont inversés : il prend la place de sa monture. Si la monture est à son tour marquée de trois traits, ils sont éliminés tous les deux.

4 La paire gagnante est celle qui totalise moins de six traits.

# 222. L'esquive

*Dans ce jeu au rythme très rapide, sans pour autant qu'il faille courir, l'agilité est une condition essentielle à la réussite.*

**Âge** : à partir de 9 ans
**Durée approximative** : 30 minutes
**Nombre de joueurs** : 10 ou plus
**Matériel** : 1 craie ou 1 bâton, 1 ballon

1 Tracez un cercle d'environ 10 mètres de diamètre, puis formez deux équipes. L'une d'elles se place à l'intérieur du cercle, l'autre se répartit tout autour.

2 Les joueurs de l'équipe extérieure se passent le ballon, jusqu'à ce que, par surprise, ils essaient de toucher un joueur de l'équipe adverse. Si l'adversaire touché ne bloque pas le ballon avant qu'il touche le sol, il est éliminé et quitte aussitôt le cercle.

3 Un joueur de l'équipe du centre peut saisir le ballon au vol et se déplacer à l'intérieur du cercle avant de le relancer pour essayer de toucher l'un des joueurs se trouvant à l'extérieur du cercle. En revanche, s'il l'attrape après qu'il a rebondi sur le sol, il doit le lancer depuis l'endroit où il l'a attrapé.

4 Les joueurs extérieurs peuvent esquiver le ballon en s'accroupissant ou en sautant, mais ils ne doivent pas changer de place.

5 Le jeu se termine quand l'une des équipes est entièrement éliminée.

3.7

# Grands jeux

Excursions ou camps d'été offrent l'occasion d'organiser en plein air des jeux par équipes à plus grande échelle, que ce soit au niveau du nombre de participants que des dimensions du terrain disponible.

Le bon déroulement de ces jeux, d'assez longue durée et comportant des épreuves ou actions successives, dépend de la qualité de leur organisation. Ils doivent être soigneusement préparés, tant au niveau de la prévision du matériel que du choix de limites raisonnables dans le temps et l'espace.

# 223. Le parcours d'obstacles

*Le temps de préparation de ce jeu et le nombre d'organisateurs qu'il nécessite en font une activité idéale pour un camp d'été.*

**Âge** : à partir de 5 ans
**Durée approximative** : 30 minutes
**Nombre de joueurs** : 8 ou plus
**Matériel** : 1 bobine de ficelle, journaux, pinces à linge, eau, cartons, ballons de baudruche, 1 bandeau, chiffons

1 Sur un terrain planté d'arbres, définissez le circuit que suivra votre parcours d'obstacles en attachant de la ficelle d'arbre en arbre, à 1,5 m de hauteur.

2 Entassez à un endroit des feuilles de papier journal froissées en boules.

3 Accrochez plusieurs pinces à linge à la ficelle sur l'une des sections du parcours.

4 Remplissez d'eau une petite dépression naturelle du sol.

5 Accumulez une série de cartons vides (ou tout autre matériau pouvant être empilé) sur le trajet.

6 Gonflez des ballons de baudruche et suspendez-les à la ficelle sur une longueur d'environ 2 mètres.

7 Quand vous avez terminé de mettre en place tous ces obstacles, bandez les yeux d'un participant et placez-le au début du parcours. Il doit avancer en suivant la ficelle des mains. Un accompagnateur reste aux côtés du joueur pour éviter qu'il ne tombe ou le prévenir quand il approche des obstacles.

8 Les autres joueurs peuvent pimenter le jeu en se plaçant à certains endroits du parcours et en poussant des cris de fantômes ou des hurlements terrifiants, en caressant le visage du joueur aux yeux bandés avec un chiffon ou en lui pinçant (gentiment) les jambes.

9 Le but du jeu est de divertir les participants et leur faire passer un bon moment. Pour que tout se déroule à merveille, ils doivent se sentir en confiance et les obstacles choisis ne doivent pas présenter de réel danger.

# 224. Les duels à la craie

*Dans ce jeu, pour éviter d'être touché et dépouillé de sa « cagnotte », il faut être rusé, habile et rapide.*

**Âge :** à partir de 8 ans
**Durée approximative :** 30 minutes
**Nombre de joueurs :** 8 ou plus
**Matériel :** 1 craie par joueur, 1 morceau de carton, 1 paire de ciseaux, 1 sifflet (facultatif)

1 Munissez-vous chacun d'une craie et de dix rondelles découpées dans du carton en guise de pièces de monnaie. Fixez la durée du jeu et dispersez-vous sur le terrain pour chercher chacun une cachette.

2 Au signal convenu, un coup de sifflet par exemple, tentez de localiser l'un de vos compagnons. Si vous y parvenez, essayez de vous approcher discrètement de sa cachette pour le marquer d'un trait de craie avant qu'il réussisse à vous marquer lui-même.

3 Le premier qui réussit à marquer l'autre crie « Touché ! », ce qui met fin au duel. Si le joueur touché est marqué aux bras ou aux jambes, il doit donner une pièce au vainqueur. S'il est marqué sur le tronc, il lui en donne deux. Il est interdit de marquer au-dessus des épaules.

4 Le joueur qui perd toute sa cagnotte, après avoir été repéré et marqué à plusieurs reprises, est éliminé.

5 Lorsque deux joueurs sont en train de se battre en duel, un troisième peut essayer de les marquer. S'il y parvient, il gagne les pièces correspondantes. Aucun joueur ne peut marquer un autre pendant qu'il est en train de recevoir une pièce ou de contrôler l'endroit où il a marqué son compagnon.

6 Quand le temps convenu au départ est écoulé, chaque joueur compte ses pièces. Le gagnant est celui qui en a accumulé le plus au cours de la partie.

# 225. Jeux d'eau

*Une série d'épreuves idéale pour divertir les enfants en camp d'été, où l'eau est l'élément vedette, sans qu'il soit cependant utile de savoir nager. Vous pouvez, si vous le souhaitez, inventer de nouvelles épreuves.*

**Âge :** à partir de 8 ans
**Durée approximative :** plus d'une heure
**Nombre de joueurs :** 8 ou plus
**Matériel :** 1 craie ou 1 bâton, bougies pour la moitié des joueurs, 2 ou 3 briquets, 1 gobelet en plastique par joueur, 3 bouteilles en plastique, eau, 2 balles de tennis

1 Préparez le matériel nécessaire et formez deux équipes de force égale.

2 La première épreuve est une course à la bougie. Tracez sur le sol deux lignes délimitant le parcours que suivront les joueurs tenant une bougie, ainsi qu'une ligne de départ et une ligne d'arrivée. Il s'agit pour les joueurs d'une équipe d'atteindre cette ligne en un temps donné, en conservant leur bougie allumée. Pendant ce temps, les joueurs de l'autre équipe, se tenant de chaque côté des lignes délimitant le parcours et tenant un gobelet rempli d'eau, doivent essayer d'éteindre les bougies. Si la bougie de l'un des joueurs s'éteint, il doit regagner la ligne de départ et rallumer sa bougie avant de repartir. Chaque joueur réussissant à terminer le parcours dans le délai fixé marque un point. Inversez les rôles et recommencez.

3 Dans la deuxième épreuve, les joueurs de chaque équipe doivent chacun à leur tour faire tomber une bouteille pleine d'eau en lançant une balle de tennis d'une certaine distance. Quand la bouteille tombe, le joueur qui a lancé la balle se précipite pour la redresser avant qu'elle se vide. Le jeu continue jusqu'à ce que la bouteille soit vide. On totalise alors les points de chaque équipe, à raison de 1 point par tir réussi.

4 Pour la troisième épreuve, chaque joueur pose sur sa tête un gobelet plein d'eau, qu'il tient d'une main. Pendant 5 minutes, les joueurs de chaque équipe chatouillent ceux de l'équipe adverse pour leur faire perdre le plus d'eau possible. Quand le temps est écoulé, ceux de chaque équipe versent l'eau qui leur reste dans une bouteille graduée en centimètres. Chaque équipe marque 1 point par centimètre.

5 Pour finir, totalisez les points de toutes les épreuves pour connaître l'équipe gagnante.

# 226. Les foulards

*Un vaste espace boisé, propice à la dissimulation et à l'exploration, est idéal pour organiser ce jeu.*

**Âge** : à partir de 10 ans
**Durée approximative** : 30 minutes
**Nombre de joueurs** : 16 ou plus
**Matériel** : 2 foulards de couleurs différentes, 1 paquet de farine, 2 bâtons

1 Pour commencer, formez deux équipes, chacune partant de son côté, munie d'un foulard, à la recherche d'une base secrète. Les bases seront distantes d'environ 200 mètres.

2 Il faut choisir un endroit bien dissimulé, que l'équipe adverse ait du mal à trouver. Tracez alors sur le sol un cercle d'environ 1 mètre de diamètre avec de la farine, puis plantez au centre un bâton auquel vous attacherez votre foulard.

3 Trois des joueurs de chaque équipe, les « défenseurs », restent près de leur base pour protéger leur foulard. Les autres partent à la recherche de la base de l'équipe adverse en vue de s'emparer de son foulard.

4 Quand deux joueurs adverses se rencontrent, ils s'affrontent dans un combat de coqs : tous deux s'accroupissent face à face, paumes contre paumes. Chacun essaie de déséquilibrer l'autre en retirant ses mains, puis en les plaquant de nouveau sur les paumes de son adversaire, tout en se déplaçant par petits bonds, sans se relever. Celui qui tombe perd le duel et doit obligatoirement regagner sa base avant de recommencer la recherche.

5 Si un joueur atteint la base adverse, il doit essayer de s'emparer discrètement du foulard et fuir sans se faire attraper par les défenseurs, pour le ramener à l'intérieur de sa base. Si les défenseurs l'attrapent, le joueur est fait prisonnier et s'assoit à l'intérieur du cercle en attendant qu'un de ses compagnons vienne le délivrer en le touchant.

6 Le jeu se termine quand l'une des équipes réussit à dérober le foulard de l'autre en conservant le sien. Si chaque camp s'est emparé du foulard de l'autre, la partie est nulle.

# 227. Le gardien du ring

*Un jeu d'approche nocturne à organiser de préférence sur un terrain plat et par une nuit claire pour éviter chutes et faux pas.*

**Âge :** à partir de 10 ans
**Durée approximative :** 30 minutes
**Nombre de joueurs :** 10 ou plus
**Matériel :** 12 m de corde, 1 lampe torche par joueur

1 Délimitez un carré d'environ 3 mètres de côté, le « ring », en attachant une corde à quatre arbres, à environ 1,5 m du sol. Choisissez ensuite une base de départ à environ 30 mètres du ring.

2 Tirez au sort celui qui sera le gardien du ring. Il se place à l'intérieur, muni de sa lampe torche. Les autres joueurs déposent leurs lampes à l'intérieur du ring puis rejoignent la base de départ.

3 Au signal du gardien, ils commencent leur progression vers le ring, où ils doivent essayer de pénétrer. Dès que le gardien aperçoit un joueur, il braque sa torche sur lui et le nomme à voix haute. Le joueur est alors obligé de revenir à la base de départ.

4 Si le gardien ne reconnaît pas un joueur ou se trompe en le nommant, celui-ci peut continuer sa progression. Les joueurs peuvent s'échanger des vêtements pour le tromper, ou se dissimuler le visage entre les mains.

5 Quand un joueur réussit à pénétrer dans le ring, il devient à son tour gardien et prend une torche pour localiser les autres joueurs.

6 Le jeu se termine quand tous les joueurs sont arrivés à entrer dans le ring sans être vus.

# 228. La frontière nocturne

*Ce jeu d'approche à organiser de nuit permet aux joueurs de faire valoir tant leurs dons de dissimulation que leurs dons d'acteurs.*

**Âge** : à partir de 10 ans
**Durée approximative** : 1 heure
**Nombre de joueurs** : 10 ou plus
**Matériel** : lampes torches pour 1/4 des joueurs, 1 morceau de carton, 1 paire de ciseaux, 1 crayon

1 Choisissez, pour tracer la frontière imaginaire, un terrain planté d'arbres et de buissons offrant la possibilité de se cacher.

2 Tirez au sort ceux des joueurs (un sur quatre environ) qui feront les douaniers, et préparez pour chacun des autres joueurs une carte d'identité en carton portant un nom fictif et mentionnant trois traits particuliers imaginaires permettant de l'identifier : tic à l'œil gauche, ne sait pas prononcer la lettre « L » ou n'aime pas les aliments sucrés, par exemple.

3 Quand les cartes d'identité sont remises aux joueurs au début du jeu, chacun dispose de 5 minutes pour mémoriser ce qui y est écrit et apprendre à interpréter son personnage.

4 Les douaniers prennent place sur la frontière et les autres joueurs se cachent en deçà de cette ligne, qu'ils devront essayer de franchir clandestinement. Les douaniers sont les seuls à être en possession d'une lampe torche.

5 Un joueur intercepté par un douanier alors qu'il tente de franchir la frontière doit lui présenter sa carte d'identité sans la regarder. Celui-ci l'interroge pour essayer de lui faire commettre des erreurs par rapport aux renseignements donnés par la carte. Si le joueur se trompe en interprétant le personnage décrit sur la carte d'identité, il doit retourner d'où il vient. S'il répond correctement, il peut franchir la frontière.

6 Le jeu se termine quand tous les joueurs ont réussi à passer la frontière, ou que le temps fixé au départ est écoulé.

# 229. Le grand tournoi

*Ces duels par équipes avec prise de craies, de foulards et de pinces à linge nécessitent agilité et réflexes.*

**Âge :** à partir de 10 ans
**Durée approximative :** plus d'une heure
**Nombre de joueurs :** 8 ou plus
**Matériel :** autant de pinces à linge, de craies et de foulards que de joueurs

1 Formez deux équipes par tirage au sort et munissez-vous chacun d'une pince à linge, d'une craie et d'un foulard.

2 Délimitez un périmètre de jeu le plus vaste possible : les alentours d'un bâtiment, un bois..., puis dispersez-vous.

3 Quand deux joueurs de différentes équipes se rencontrent, ils doivent aussitôt dire « Duel ! ». Le premier à avoir aperçu son adversaire et à avoir prononcé ce mot a le droit de choisir l'« arme » du duel.

4 S'il choisit la craie, le gagnant est celui qui arrive le premier à marquer d'un trait le pied de son adversaire. Le vaincu remet alors sa craie au vainqueur.

5 S'il choisit la pince à linge, le vainqueur est celui qui arrive à placer sa pince sur les vêtements de l'autre. Le vaincu remet sa pince au vainqueur.

6 S'il choisit le foulard, chaque joueur se l'accroche à la ceinture derrière le dos. Le premier à s'emparer du foulard de l'autre s'approprie le foulard du vaincu.

7 Si un joueur défie un autre joueur avec un objet que ce dernier a déjà perdu, le duel n'a pas lieu. Le joueur qui a perdu sa pince, sa craie et son foulard est éliminé.

8 Au bout d'un temps déterminé, les joueurs se regroupent et font le total des craies, pinces et foulards en la possession de chaque équipe. L'équipe gagnante est celle qui a récolté le plus grand nombre d'objets.

# 230. Le gymkhana

*Une organisation rigoureuse et un partage efficace des tâches sont nécessaires au bon déroulement de ce jeu qui consiste en un parcours contre la montre ponctué d'épreuves.*

**Âge :** à partir de 10 ans
**Durée approximative :** plus d'une heure
**Nombre de joueurs :** 15 ou plus
**Matériel :** en fonction des épreuves choisies

1 Préparez un parcours assez long, ponctué de postes de contrôle où devront passer les équipes.

2 À chaque poste de contrôle se trouve un commissaire chargé d'expliquer l'épreuve et de fournir les éléments permettant d'atteindre le point de contrôle suivant.

3 Après avoir choisi le parcours, décidé des épreuves et rédigé les messages, chaque commissaire se place à l'endroit convenu. Les joueurs se regroupent par 4 ou 5.

4 Les épreuves peuvent être variées : il peut être demandé à l'équipe de trouver un petit objet caché dans les environs, de faire rire le commissaire, de ne prendre appui tous ensemble que sur trois pieds et une main (voir l'illustration), de remplir un questionnaire, de composer un bouquet de fleurs à partir d'une liste…

5 Les messages secrets permettant de localiser le prochain poste de contrôle peuvent être rédigés sous forme de devinettes, comme : « On y travaille de nuit pour que tu puisses manger le matin » (la boulangerie), ou de messages codés, « 1ll2z s5r l1 pl1c2 d5 v3ll1g2 » (Allez sur la place du village).

6 Après avoir réussi la première épreuve, chaque équipe reçoit un message codé dans lequel on lui indique où se trouve le second point de contrôle.

7 Les équipes partent à 10 minutes d'intervalle, pour ne pas se rencontrer sur le parcours. L'équipe gagnante est celle qui met le moins de temps à accomplir le parcours.

# 231. La grande chasse

*Un grand jeu de poursuite où il faut d'abord s'assurer de l'identité de chaque joueur pour savoir s'il faut le fuir ou le prendre en chasse.*

**Âge :** à partir de 10 ans
**Durée approximative :** plus d'une heure
**Nombre de joueurs :** 16 ou plus
**Matériel :** feuilles de papier, feutres, sparadrap ou épingles de nourrice

1 Le meneur de jeu fixe la durée du jeu et répartit les joueurs en cinq groupes : souris, chats, chiens, loups et chasseurs.

2 Chacun dessine sur trois dossards le personnage correspondant à son groupe. Un dessin de l'espèce à laquelle il appartient est fixé avec du sparadrap ou une épingle de nourrice dans le dos de chacun.

3 Il doit y avoir plus de souris que de chats, plus de chats que de chiens, plus de chiens que de loups, et il ne faut pas plus d'un ou deux chasseurs.

4 Les joueurs se dispersent sur l'aire de jeu. Quand un joueur en rencontre un autre, il vérifie à quelle espèce il appartient pour savoir s'il doit le fuir ou le prendre en chasse.

5 Les souris servent de gibier à toutes les espèces, sauf aux chasseurs. Les chats sont poursuivis par les chiens et les loups, mais pas par les chasseurs. Les chiens chassent les souris et les chats, mais fuient les loups. Les chasseurs traquent les loups. Les loups poursuivent tous les joueurs, sauf les chasseurs, à moins qu'ils ne se groupent par paire, auquel cas ils ont le droit de les attraper.

6 Chaque fois qu'un joueur en touche un autre, le joueur pris intègre le groupe de son prédateur : si un chat attrape une souris, la souris devient chat. Le meneur de jeu change son dossard. Les animaux touchés par les chasseurs se transforment toujours en souris. Un chasseur touché par deux loups devient aussi souris.

7 Le meneur de jeu peut à tout moment modifier les règles de changement de groupe pour que les forces restent équilibrées entre les différentes espèces. Le jeu se termine quand le temps fixé au départ est épuisé.

# 232. Le message secret

*Il faut éviter à tout prix que les espions ne s'emparent du message codé des agents secrets.*

**Âge** : à partir de 10 ans
**Durée approximative** : plus d'une heure
**Nombre de joueurs** : 14 ou plus
**Matériel** : 1 crayon, 1 feuille de papier

1 Constituez deux équipes, celle des espions et celle des agents secrets, et fixez la durée de la partie.

2 Délimitez un terrain de jeu assez vaste (village, bois…). Les espions se dispersent sur l'ensemble de ce territoire et les agents secrets conviennent d'un point de départ et d'un point d'arrivée.

3 Avant de quitter le point de départ, les agents secrets rédigent un message sur une feuille de papier, puis la déchirent en autant de morceaux qu'il y a de joueurs dans leur équipe. Chaque morceau doit comporter, au minimum, une phrase entière.

4 Chaque joueur cache le morceau de message sous ses vêtements et entreprend de se rendre au point d'arrivée, en prenant soin de ne pas être repéré par les espions.

5 Quand un espion réussit à toucher un agent secret, il a une minute pour le fouiller et trouver le morceau de message qu'il porte sur lui. S'il le trouve, l'agent secret est éliminé. S'il ne le trouve pas, il doit revenir au point de départ.

6 Une fois écoulé le temps fixé au départ, espions et agents secrets se rassemblent. Si les espions réussissent à deviner le message en partant des morceaux qu'ils ont réussi à récupérer, ils gagnent. Dans le cas contraire, les vainqueurs sont les agents secrets.

# 233. Le jeu de piste

*Suivre la bonne piste n'est pas facile... Mystère et esprit d'aventure sont toujours au rendez-vous dans ce jeu passionnant.*

**Âge :** à partir de 11 ans
**Durée approximative :** plus d'une heure
**Nombre de joueurs :** 15 ou plus
**Matériel :** 1 craie ou 1 bâton, 1 feutre, feuilles de papier

1 Le pisteur choisit l'itinéraire que devront suivre les joueurs et les épreuves qu'ils auront à accomplir. Il est préférable que le parcours se présente sous forme de circuit, avec un point d'arrivée identique au point de départ, et que la durée du jeu n'excède pas 30 minutes.

2 Le pisteur balise l'itinéraire en le marquant à intervalles réguliers de signes, tracés à la craie ou à l'aide d'un bâton, dessinés au feutre sur papier ou encore formés à l'aide de branches ou de pierres. Ces signes permettront aux joueurs de suivre l'itinéraire choisi.

3 Il remet aux participants une liste des signes utilisés. Les plus courants sont : # début de piste, → direction à suivre, Y prendre le chemin de gauche, ✕ direction à éviter, ✉→ message, [10] message à dix pas, ⊗ fin de piste.

4 Les joueurs se répartissent en équipes dont les départs s'échelonnent toutes les 15 minutes. Ils doivent être très attentifs aux signes, pour ne pas s'égarer.

5 Quand ils repèrent le signe indiquant la présence d'un message, ils le cherchent pour accomplir l'épreuve correspondante. Les messages peuvent renfermer des questions comme : « À quelle espèce appartient le plus grand arbre visible dans les environs ? », ou des instructions telles que : « Cueillez cinq fleurs différentes. » Réponses et objets récoltés seront présentés à l'arrivée, pour prouver que la piste a été bien suivie.

6 Le « pisteur » note l'heure d'arrivée de chaque groupe, l'équipe gagnante étant celle qui a mis le moins de temps à accomplir le parcours.

3.8



# Jeux de kermesse

Organiser une fête au centre de loisirs, à l'école, dans son village ou son quartier est une superbe occasion de privilégier le jeu, tant par la multiplicité des activités proposées que par le nombre de participants.

Un matériel simple et réduit suffit à l'installation de stands où les visiteurs pourront s'adonner à loisir à toutes sortes d'attractions divertissantes.

Pratiqués séparément, ces jeux offrent aussi l'occasion de se divertir seul ou avec quelques amis. Leur durée est d'autant plus longue que le nombre de participants est important.

## 234. Les îles flottantes

*Un jeu d'adresse simple, très apprécié dans les fêtes.*

**Âge :** à partir de 5 ans
**Durée approximative :** 10 minutes
**Nombre de joueurs :** 1 ou plus
**Matériel :** 1 petite piscine gonflable ou 1 grande cuvette, eau, 1 feutre indélébile, 4 à 6 assiettes en plastique, 1 craie ou 1 bâton, 5 pièces de monnaie par joueur

1 Remplissez la piscine d'eau, puis faites-y flotter les assiettes après les avoir marquées chacune au feutre indélébile d'un chiffre différent écrit très lisiblement.

2 Tracez sur le sol, à une certaine distance, un cercle d'où les joueurs lanceront les pièces.

3 Remettez à chacun 5 pièces. Le but est de lancer les pièces à l'intérieur des assiettes et de totaliser le plus grand nombre de points.

## 235. La boule à zéro

*Il s'agit d'avoir la main légère, pour ne pas se retrouver maquillé de mousse à raser.*

**Âge :** à partir de 5 ans
**Durée approximative :** 5 minutes
**Nombre de joueurs :** 1 ou plus
**Matériel :** autant de ballons de baudruche, de chaises et de rasoirs jetables que de joueurs, mousse à raser, 1 lot pour le gagnant (facultatif)

1 Gonflez les ballons au maximum, puis attachez-les au dossier de la chaise de chacun des joueurs et aspergez-les de mousse à raser.

2 Le premier joueur s'assied sur la chaise, face au ballon. Le but est de le débarrasser de la mousse à l'aide du rasoir sans le faire exploser.

3 Celui qui réussit gagne un lot. À moins que vous n'organisiez un concours, avec un ballon par joueur, le gagnant étant le premier à avoir rasé entièrement son ballon.

# 236. Le tir groupé

*Dans ce jeu d'adresse, s'il est facile de marquer des points, il est plus difficile d'être le meilleur.*

**Âge** : à partir de 5 ans
**Durée approximative** : 10 minutes
**Nombre de joueurs** : 1 ou plus
**Matériel** : 1 craie ou 1 bâton, 25 gobelets en plastique, ruban adhésif large, 1 feuille de papier, 1 feutre, 3 balles de ping-pong

1 Regroupez les gobelets de façon à former un losange formé de 5 × 5 gobelets à environ 2 mètres de la ligne de tir tracée sur le sol. Entourez cette masse de gobelets de ruban adhésif et placez au fond de chacun un rond de papier sur lequel vous avez inscrit un chiffre, de 1 à 25. Placez les chiffres les plus élevés dans les gobelets du centre.

2 Le premier joueur se place derrière la ligne de tir et lance 3 balles de ping-pong en visant les gobelets. Il peut, s'il le veut, les faire rebondir avant qu'elles atteignent les gobelets.

3 Une fois les trois lancers effectués, totalisez les points des gobelets où les balles sont tombées. Le joueur gagnant est celui qui réalise le score maximal.

# 237. Les boîtes à mystère

*La présence d'un adulte est recommandée pour préparer ce jeu délicat qui nécessite des découpages.*

**Âge** : à partir de 5 ans
**Durée approximative** : 10 minutes
**Nombre de joueurs** : 1 ou plus
**Matériel** : 3 cartons vides, 1 cutter ou 1 paire de ciseaux, divers objets bizarres au toucher

1 Découpez dans chaque carton une fenêtre carrée d'environ 10 centimètres de côté.

2 Placez à l'intérieur de chacun un objet d'une texture surprenante au toucher : paille de fer, sciure, gros sel, feuilles d'arbre, brosse…

3 Le joueur doit introduire la main dans chaque carton et identifier au toucher l'objet qu'il renferme. Il marque 1 point par objet trouvé. Le gagnant est celui qui totalise le plus de points.

# 238. Les anneaux

*Ou comment détourner un tabouret de son usage habituel pour passer un bon moment.*

**Âge** : à partir de 5 ans
**Durée approximative** : 10 minutes
**Nombre de joueurs** : 1 ou plus
**Matériel** : 1 vieux tabouret, 4 rouleaux de ruban adhésif de couleurs différentes, 3 anneaux d'environ 20 cm de diamètre ou, à défaut, du carton fort et 1 paire de ciseaux ou 1 cutter, 1 craie ou 1 bâton, 1 lot pour le gagnant

1 Retournez un tabouret et décorez chaque pied d'une couleur différente avec du ruban adhésif. Si vous n'avez pas d'anneaux, découpez-en dans du carton fort, puis entourez-les également de ruban adhésif.

2 Tracez une ligne de tir située à 2 mètres du tabouret.

3 Le lanceur, muni des anneaux, se place derrière ce trait. Il doit essayer d'encercler les pieds du tabouret. Chaque tir réussi rapporte un nombre de points déterminé selon la couleur du pied (5, 10, 15 ou 20, par exemple).

4 Le gagnant est celui qui totalise le plus de points. Si deux joueurs sont à égalité, une nouvelle partie s'engage pour les départager. Le vainqueur gagne un lot.

# 239. Le chamboule-tout

*Ce concours de tir divertissant est rapide à mettre en place et ne nécessite qu'un matériel réduit.*

**Âge** : à partir de 5 ans
**Durée approximative** : 2 minutes
**Nombre de joueurs** : 1 ou plus
**Matériel** : 6 boîtes de conserve de même taille, 1 craie, 3 balles de tennis, 1 lot pour le gagnant

1 Empilez les boîtes à environ 1 mètre du sol, de manière à former une pyramide.

2 Le lanceur, muni de ses 3 balles, se place derrière la ligne de tir située à environ 3 mètres des boîtes et essaie de les faire tomber. Il marque 1 point par boîte renversée et un bonus de 1 point s'il arrive à les abattre toutes.

3 Celui qui totalise le plus de points après que chaque joueur a joué trois fois gagne un lot.

# 240. La pêche à la ligne

*Une pêche-surprise où l'on ne découvre la valeur de son poisson qu'après l'avoir sorti de l'eau. Il est recommandé qu'un adulte en supervise la préparation.*

**Âge :** à partir de 5 ans
**Durée approximative :** 20 minutes
**Nombre de joueurs :** 1 ou plus
**Matériel :** 1 dizaine de boules en polystyrène, fil de fer, 1 pince universelle, 1 dizaine de plombs pour la pêche, 1 feutre noir indélébile, ficelle, 1 baguette de 50 cm de long, 1 bassine, eau, 1 lot pour le gagnant (facultatif)



1 Perforez chaque boule de polystyrène de part en part à l'aide d'un fil de fer assez grossier en insistant pour élargir le passage.

2 Coupez un autre morceau de fil de fer qui soit environ 20 centimètres plus long que le diamètre des boules.

3 Formez un anneau d'environ 3 centimètres de diamètre à l'une de ses extrémités en le torsadant avec une pince universelle.

4 Faites passer le fil au travers de la boule, puis fixez le plomb de pêche ou tout autre objet lourd à son autre extrémité.

5 Tracez au feutre, sur les boules, des yeux, une bouche et des nageoires qui les feront ressembler à des poissons. Marquez un chiffre, correspondant à un nombre de points, sur le ventre des « poissons ».

6 Pour confectionner la canne à pêche, attachez 50 centimètres de ficelle au bout de la baguette, puis fixez à son extrémité un hameçon obtenu en recourbant un morceau de fil de fer.

7 Remplissez une bassine d'eau et faites-y flotter les poissons. Le joueur dispose de 3 minutes pour essayer de pêcher le plus grand nombre de poissons.

8 Ce temps écoulé, totalisez le nombre de points obtenus en additionnant les chiffres figurant sous le ventre des poissons pêchés. Il faut avoir atteint un chiffre déterminé en début de partie pour avoir droit à un lot.

# 241. Le passe-boules

*La mise en place de ce jeu d'adresse nécessite la présence d'un adulte.*

**Âge :** à partir de 5 ans
**Durée approximative :** 25 minutes
**Nombre de joueurs :** 1 ou plus
**Matériel :** 1 grand carton, 1 craie, peinture de 5 couleurs différentes, pinceaux, 1 cutter, 5 balles en mousse, 1 lot pour le gagnant

1 Posez un grand carton au sol, de telle sorte que ses plus grandes faces soient en position verticale.

2 Sur l'une de ces faces, tracez à la craie cinq cercles d'environ 20 centimètres de diamètre répartis comme le montre l'illustration.

3 Marquez le pourtour de ces cercles de larges bandes de peintures de différentes couleurs.

4 Attendez que la peinture soit sèche, puis découpez au cutter l'intérieur des cercles. Découpez aussi une ouverture à l'arrière du carton pour pouvoir récupérer les balles.

5 Le passe-boules terminé, placez-le contre un mur, puis tracez une ligne de tir au sol, à environ 2 mètres de distance.

6 Chaque joueur lance tout à tour les cinq balles en essayant de les faire passer par les trous. Chaque tir réussi lui rapporte 1 point. On peut aussi attribuer un nombre de points différent suivant la couleur du trou.

7 Le gagnant est celui qui réussit à marquer le plus de points ou qui parvient à totaliser un nombre de points déterminé à l'avance. On lui remet un lot.

# 242. Le crayon et la bouteille

*Un jeu aussi divertissant pour le joueur que pour ses spectateurs, que ses contorsions font beaucoup rire.*

**Âge** : à partir de 6 ans
**Durée approximative** : 5 minutes
**Nombre de joueurs** : 1 ou plus
**Matériel** : 1 bouteille en verre épais, 1 crayon, 1 m de ficelle, 1 chronomètre ou 1 montre



1 Posez au sol une bouteille en verre épais et attachez un crayon au bout d'une ficelle d'environ 1 mètre de long.

2 Attachez à la ceinture du joueur, par-derrière, le crayon suspendu au bout de la ficelle (la pointe du crayon doit arriver au niveau des genoux).

3 Au signal de départ, le joueur doit essayer de faire entrer le crayon dans le goulot de la bouteille sans se servir de ses mains.

4 Le joueur qui y réussit dans un délai donné marque 1 point.





# 243. Au feu !

*Éteindre une bougie avec une seringue, non munie d'une aiguille, n'est pas aussi simple qu'il y paraît.*

**Âge** : à partir de 7 ans
**Durée approximative** : 2 minutes
**Nombre de joueurs** : 1 ou plus
**Matériel** : 1 bougie, 1 briquet, 1 craie ou 1 bâton, 1 seringue, 1 cuvette d'eau

1 Allumez la bougie, posez-la par terre, sur quelques gouttes de cire fondue, puis tracez une ligne sur le sol, à 1 mètre de distance.

2 Après avoir rempli la seringue d'eau en la plongeant dans la cuvette, le joueur se place derrière cette ligne.

3 Bras tendu vers la bougie, il vide la seringue en dirigeant le jet d'eau vers la flamme pour essayer de l'éteindre. Il a droit à trois essais.

4 Pour gagner, il faut éteindre la flamme le premier ou en trois essais au plus.

## 244. Le lancer du fer à cheval

*La précision du tir réclame une bonne mise au point de la technique de lancer. Il est recommandé qu'un adulte supervise la préparation de ce jeu.*

**Âge :** à partir de 7 ans
**Durée approximative :** 2 minutes
**Nombre de joueurs :** 1 ou plus
**Matériel :** 1 bâton d'environ 40 cm de long, 1 morceau de carton fort, 1 paire de ciseaux ou 1 cutter, 1 craie ou 1 bâton, 1 lot pour le gagnant

1 Plantez un bâton bien droit dans le sol, en le laissant dépasser d'environ 30 centimètres.

2 Découpez trois fers à cheval dans du carton fort, pour qu'ils ne se déforment pas et soient faciles à lancer.

3 Chaque joueur, muni de ses trois fers, se place derrière une ligne tracée sur le sol, à environ 2 mètres du bâton.

4 Les fers à cheval doivent encercler le bâton en retombant. Le joueur a droit à trois lancers au total.

5 Le gagnant est celui qui réussit les trois lancers. On lui remet un lot.







## 245. Tinte-grelot

*Dans ce jeu d'adresse, le son du grelot témoigne de la réussite du tir.*

**Âge :** à partir de 7 ans
**Durée approximative :** 5 minutes
**Nombre de joueurs :** 1 ou plus
**Matériel :** 1 grelot, 3 m de ficelle, 1 bouchon de liège

1 Suspendez un grelot à 1,5 m de haut avec de la ficelle. Passez 1 mètre de ficelle au travers d'un bouchon, dans le sens de la largeur, et nouez-la à ses deux extrémités.

2 Le joueur saisit l'extrémité de la ficelle d'une main et le bouchon de l'autre main, en tendant la ficelle le long de son bras. D'un rapide mouvement du poignet, il propulse le bouchon en visant le grelot pour essayer de le faire tinter.

3 Il a droit à cinq lancers et marque 1 point par tir réussi. S'il y a plusieurs joueurs, celui qui a le plus de points gagne la partie. Si deux joueurs sont à égalité, une nouvelle partie s'engage pour les départager.

# 246. Coiffer le pois chiche

*Il faut être précis et rapide pour arriver à coiffer le pois chiche du premier coup.*

**Âge :** à partir de 6 ans
**Durée approximative :** 2 minutes
**Nombre de joueurs :** 2
**Matériel :** 1 planche de 1 × 1 m, 1 tube en carton de 1 m de long, 1 passoire, 1 pois chiche

1 Le meneur de jeu se place d'un côté d'une planche posée à terre, en tenant un tube en carton incliné. L'écart entre l'extrémité inférieure du tube et la planche doit être d'environ 10 centimètres. L'autre joueur s'accroupit en face de lui, une passoire à la main.

2 Le meneur de jeu dit « Top ! » et fait glisser le pois chiche dans le tube.

3 Le joueur attend que le pois chiche ait rebondi une fois sur le plateau avant d'essayer de l'emprisonner sous sa passoire.

4 Il a droit à trois essais et marque 1 point par capture réussie.

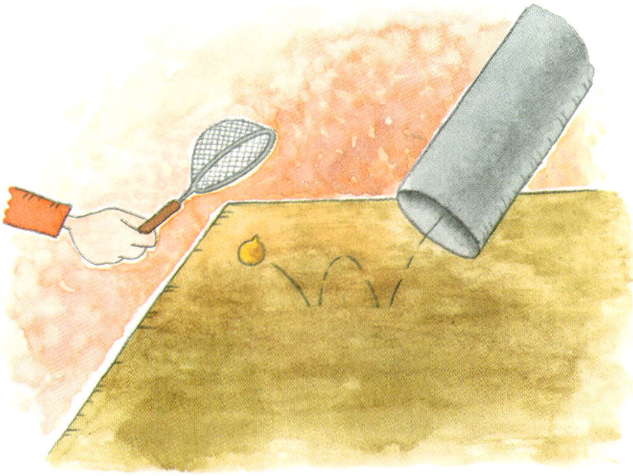

# 247. Le labyrinthe

*La confection du labyrinthe, qui nécessite la présence d'un adulte, demande un peu de temps et d'habileté.*

**Âge :** à partir de 8 ans
**Durée approximative :** 25 minutes
**Nombre de joueurs :** 3
**Matériel :** 1 planche de 80 × 50 cm, 1 poignée de clous, 1 marteau, 1 cutter, 3,5 m de boudin en caoutchouc, 2 tasseaux de 1,60 m, 1 feutre noir, 1 balle de ping-pong

1 Confectionnez le labyrinthe en clouant sur une planche des boudins en caoutchouc disposés comme le montre l'illustration. Clouez deux tasseaux de chaque côté de ce plateau de jeu. Indiquez par des flèches le point de départ et le point d'arrivée du labyrinthe.

2 Pour commencer, les joueurs doivent saisir à deux les extrémités des tasseaux, de façon à tenir le plateau en position horizontale.

3 Le meneur de jeu pose une balle de ping-ping sur la flèche de départ et demande aux joueurs de lui faire atteindre la flèche d'arrivée en un temps donné.

4 Les joueurs doivent alors incliner le plateau vers l'avant, vers l'arrière et sur les côtés en coordonnant leurs gestes, pour faire suivre à la balle le bon parcours sans la faire tomber.

# 248. Le basket au sol

*Pas si facile de faire rebondir le ballon dans le seau après un passage au travers du cerceau !*

**Âge** : à partir de 7 ans
**Durée approximative** : 2 minutes
**Nombre de joueurs** : 1 ou plus
**Matériel** : 1 seau, 2 m de ficelle, 1 cerceau de 1 m de diamètre, 1 craie ou 1 bâton, 1 ballon

1 Posez un seau à terre et suspendez un cerceau 1 mètre plus loin, à environ 1 mètre de haut.

2 Le joueur se place derrière une ligne tracée au sol, à environ 2 mètres du seau.

3 En trois lancers, il doit réussir à faire tomber le ballon dans le seau, après l'avoir fait passer par le cerceau et rebondir au sol.

4 Chaque tir réussi lui fait gagner 1 point. Le joueur qui a le plus de points gagne la partie. Si deux joueurs sont à égalité, une nouvelle partie s'engage pour les départager.

# 249. La bataille de coussins

*Bien que les armes employées soient d'inoffensifs coussins, ce duel s'adresse néanmoins aux plus grands, car il nécessite un bon sens de l'équilibre. La présence d'un adulte est recommandée, pour éviter d'éventuels débordements.*

**Âge** : à partir de 10 ans
**Durée approximative** : 2 minutes
**Nombre de joueurs** : 2
**Matériel** : 1 planche de 2 × 0,4 m, 2 parpaings, ruban adhésif large, 2 coussins

1 Confectionnez une passerelle en posant une planche sur des parpaings. Fixez la planche aux parpaings à l'aide de plusieurs tours de ruban adhésif, pour que l'ensemble soit bien stable.

2 Les joueurs se placent à chaque extrémité de la passerelle, un coussin entre les mains.

3 Ils avancent l'un vers l'autre et essaient de se faire perdre l'équilibre en se frappant avec les coussins.

4 Le gagnant est celui qui arrive à déstabiliser son adversaire et à le faire tomber du pont. Demandez aux joueurs d'éviter les positions extrêmes, qui pourraient se solder par des chutes spectaculaires.

# 250. La glissade contrôlée

*La préparation de ce jeu d'adresse requiert l'aide d'un adulte, en particulier pour planter les clous.*

**Âge :** à partir de 11 ans
**Durée approximative :** 10 minutes
**Nombre de joueurs :** 2 ou plus
**Matériel :** 1 craie, 1 planche mince de 1 × 1,5 m, 1 craie, 2 poignées de clous, 1 marteau, liquide vaisselle, 1 bouteille en verre épais, sable

1 Tracez à la craie, sur une planche, un circuit sinueux d'environ 20 centimètres de large, pour laisser un peu de marge au déplacement de la bouteille.

2 Plantez des clous sur ces lignes, en les enfonçant à moitié et en les espaçant d'environ 3 centimètres.

3 Une fois le circuit terminé, versez un filet de liquide vaisselle le long du parcours, pour que la bouteille glisse plus facilement.

4 Remplissez la bouteille de sable jusqu'à mi-hauteur, pour la rendre plus stable.

5 Posez la planche par terre et placez la bouteille au début du parcours.

6 Le joueur doit saisir la planche des deux mains et l'incliner vers l'avant et sur les côtés, pour faire avancer la bouteille entre les rangées de clous sans la faire tomber.

7 Si la bouteille tombe, il faut la replacer au point de départ. Le gagnant est le joueur qui met le moins de temps à réussir l'épreuve.

# Index

Pour faciliter la consultation de ce livre et vous permettre de choisir le jeu qui correspond le mieux à ce que vous recherchez, l'index suivant ne se limite pas à vous indiquer les noms des jeux classés, par ordre alphabétique : il précise aussi l'âge minimal conseillé, le nombre de joueurs auxquels ils s'adressent, le temps nécessaire à leur déroulement, et s'ils nécessitent ou non du matériel. Cela, bien entendu, à titre indicatif, car il n'existe pas de règles strictes dans ce domaine, chacun pouvant adapter les jeux à son gré.

Index

Index

# Remerciements

À Maqui pour sa collaboration, à José Antonio, à la ludothèque La Guineu et à l'ATZAR (Association de responsables de ludothèques en Catalogne).